心理健康知识
百问百答

马 飞　刘国庆　毕志华　著

中国商业出版社

图书在版编目（CIP）数据

心理健康知识百问百答/马飞，张国庆，毕志华著.
——北京：中国商业出版社，2019.8
ISBN 978-7-5208-0869-9

Ⅰ.①心… Ⅱ.①马… ②张… ③毕… Ⅲ.①心理健康—健康教育—中等专业学校—教学参考资料 Ⅳ.①G444

中国版本图书馆 CIP 数据核字(2019)第 176645 号

责任编辑：管明林

中国商业出版社出版发行
010-63180647 www.c-cbook.com
（100053 北京广安门内报国寺 1 号）
新华书店经销
北京市京东印刷厂印刷
*
710 毫米 ×1000 毫米　16 开　11.5 印张　150 千字
2019 年 9 月第 1 版　2019 年 9 月第 1 次印刷
定价：28.00 元
****
（如有印装质量问题可更换）

序 言

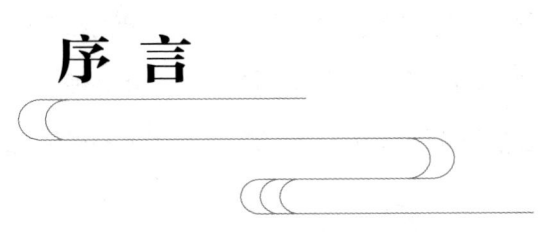

我国学校的心理健康教育是在改革开放后开始的,国务院、教育部多次发文强调心理健康教育的重要性,经过四十年的努力,心理健康教育已取得显著成绩。随着社会的进步,教育理念的更新,学生的心理健康、个性成长也越来越受到社会各界的重视,政府和各学校都在努力探索适合我国国情和学校实际情况的心理健康教育模式。

根据教育部要求,实施和落实心理健康教育已成为现代学校的标志,成为彰显学校特色的一个重要方面。我校一贯重视学生的心理素质教育,始终将心理健康教育作为学生的一堂必修课。学校先后培养了专业心理咨询师35名,其中国家二级心理咨询师6名,三级心理咨询师29名。建成了一定规模的心理功能室:心理咨询接待室、沙盘游戏室、团体活动室、宣泄室、心理图书室、心理档案室、心理测量室、音乐放松室、音乐催眠室。各功能室设备齐全,文化底蕴深厚,开展了丰富的心理健康教育活动,取得了丰硕的成果。

在纪念五四运动100周年大会上,习近平总书记强调:青年是整个社会力量中最积极、最有生气的力量,国家的希望在青年,民族的未来在青年。要把青年一代培养造就成德智体美劳全面发展的社会主义建设者和接班人。中职学生正处于青年初期,思想品德具有过渡性和可塑性。心理健康教育正是研究他们性格、情感、意志、认识变化的科学。针对中职学生的实际情况,从中职教育的培养目标出发,以

青少年的心理发展规律为指导，为了提升中职学生的心理素质，我们尊重中职学生的身心发展特点，坚持心理和谐的教育理念，切实结合教授心理学知识的相关经验，以达到有效地普及心理健康知识，培养学生优秀的心理品质和人格特征的目的，编写了《心理健康知识百问百答》一书。

在编写过程中，编者针对中职学生在《中职学生基本状况调查问卷》中所凸显的疑惑，并根据中职学生心理健康教育的需要，精心挑选了中职学生普遍关注的学习心理、自我意识、人际交往、性与恋爱心理、生涯教育、网络心理教育、生活适应等100多个高频问题提出了一些理论和方法。编者希望把规律性的东西呈现给学生，能开启中职学生的心灵，使学生有意识地指导自己，磨炼自己的意志，有效地控制自己的意识，以缩小人与人在生理和实际上的差距。了解心理健康的基本知识，树立心理健康意识，掌握心理调适的方法，正确处理各种人际关系，学会合作与竞争，培养职业兴趣，提高应对挫折、求职就业、适应社会的能力。正确认识自我，学会有效学习，确立符合自身发展的积极生活目的，养成自信、自律、敬业、乐群的心理品质，提高全体学生的心理健康水平和职业素养。

宇宙在变化、社会在变化、万事万物都在变化。我们所搜集的问题也未能完全满足变化的社会与人性，在初心不变的思想下，编者赞扬与时俱进、科学发展、问题导向的论述。敬请广大读者批评、指正，以待修改和完善。

2019年5月

目 录

一、中职学生心理健康的内涵是什么? /001

二、健康是怎么定义的? /003

三、怎么评价个体是否健康? /004

四、中职学生身心发展的一般特点是什么? /005

五、中职学生身心发展的具体表现是什么? /006

六、中职学生心理发展中产生的困惑有哪些? /007

七、中职学生人际交往的表现有哪些? /008

八、职业学校教育的优势是什么? /009

九、为什么要求中职学生穿校服? /010

十、从心理学角度谈,学生为什么要学习? /011

十一、学习是如何分类的? /012

十二、在学校学习的主要特征是什么? /013

十三、什么是学习态度? /014

十四、提高自己成绩的途径是什么? /015

十五、学习成绩好是因为智力超群吗? /016

十六、什么是非智力因素? /017
十七、积极学习的特征有哪些? /018
十八、产生学习障碍的原因有哪些? /019
十九、如何树立正确的学习态度? /020
二十、为什么会感觉同学成员复杂? /021
二十一、中职学生是否已经具有社会经验? /022
二十二、老师说要提高学习自控力,那么什么是学习自控力? /023
二十三、为什么有的同学在初中学习平平,到了职业学校学习却取得了骄人的成绩? /024
二十四、怎样增强学习效果? /025
二十五、什么是学习基础? /026
二十六、怎样表现才是养成学习的好习惯? /027
二十七、什么是遗忘曲线与及时复习记忆法? /028
二十八、什么是学习习惯? /030
二十九、中职学生应该如何培养自己良好的学习习惯? /031
三十、为什么会常常思考"我是个什么样的人?""我将来会成为什么样的人?" /032
三十一、自我意识从个体角度来看包括什么? /033
三十二、自我意识从交往角度来看包括什么? /034
三十三、自我意识包括哪些方面? /035
三十四、自我意识产生的重要性是什么? /036
三十五、自我意识的结构是什么? /037
三十六、什么是自我认知? /038
三十七、什么是自我分析? /039

三十八、什么是自我评价？ /040

三十九、如果自我认知不恰当会怎么样？ /041

四十、自我意识的重要作用是什么？ /042

四十一、自我体验是情绪还是情感？ /043

四十二、什么是自尊心？什么是自信心？ /044

四十三、要想成功，自信心是中职学生的必备品质，
如何才能做到？ /045

四十四、自我调控的主要表现在哪些方面？ /046

四十五、中职学生如何来培养专注力？ /047

四十六、为什么会产生自我意识的矛盾？ /048

四十七、中职学生自我意识矛盾的表现有哪些？ /049

四十八、中职学生思维特点是什么？ /050

四十九、中职学生气质的类型和特征有哪些？ /051

五十、哪种气质类型比较好呢？ /052

五十一、常见的自我意识矛盾有哪些表现？ /053

五十二、自我意识的统一是什么意思？ /054

五十三、为什么每个人的自我意识不一样？ /055

五十四、中职学生常见的自我认知困惑有哪些？ /056

五十五、怎么建立正确的自我认知？ /057

五十六、提高自我认知的方法有哪些？ /058

五十七、什么是心理潜能？ /059

五十八、人格魅力是什么？ /060

五十九、中职学生的人格魅力有哪些表现特征？ /061

六十、中职学生的心理困惑主要表现在哪些方面？ /062

六十一、嫉妒心理为什么要不得？	/064
六十二、为什么会形成自卑心理呢？	/065
六十三、中职学生摆脱自卑心理的具体方法有哪些？	/066
六十四、中职学生常见的自我调控问题是什么？	/068
六十五、中职学生怎样加强自我调控？	/069
六十六、什么是自制力？	/070
六十七、中职学生完善自我意识的途径有哪些？	/071
六十八、自我观察主要包括哪几个方面？	/072
六十九、情绪情感的含义是什么？青春期的情绪特点是什么？	/073
七十、我们为何会有不同的情绪体验？	/074
七十一、情绪情感的功能是什么？	/075
七十二、情绪情感的两极性表现有哪些？	/076
七十三、中职学生情绪情感的变化受什么因素影响？	/079
七十四、健康情绪的标准是什么？	/080
七十五、中职学生如何培养积极的情绪情感？	/081
七十六、中职学生如何进行自我心理调适？	/082
七十七、什么是意志行动？	/083
七十八、意志行动的特征有哪些？	/084
七十九、意志品质的内容有哪些？	/085
八十、中职学生意志品质的特点是什么？	/086
八十一、中职学生意志品质增强有哪些方法？	/088
八十二、什么是人际交往？	/090
八十三、人际交往的原则有哪些？	/091
八十四、人际交往的功能是什么？	/093

八十五、中职学生人际交往的重要性是什么? /094

八十六、中职学生人际交往的特点及变化是什么? /095

八十七、影响人际交往的因素有哪些? /097

八十八、人际交往能力包括哪些因素? /099

八十九、中职学生常见的人际交往困惑有哪些? /100

九十、自卑会影响自我发展吗? /101

九十一、如何转变对自己不恰当的认知? /102

九十二、代沟是指什么? /103

九十三、为什么会与父母产生代沟? /104

九十四、如何消除与父母的代沟? /105

九十五、如何孝亲敬长? /106

九十六、正值青春期的中职学生该如何与父母和谐相处呢? /107

九十七、什么是感恩? /108

九十八、教师的职业内涵是什么? /109

九十九、为什么中职学生会喜欢不同的老师? /110

一百、中职学生怎样面对风格不同的老师? /111

一百零一、中职学生与老师的交往重要吗? /112

一百零二、中职学生人际交往中常遇到的困惑有哪些? /113

一百零三、什么是"哥们儿义气"? /114

一百零四、"哥们儿义气"为什么要不得? /115

一百零五、什么是友谊? /116

一百零六、怎样才能建立友谊? /117

一百零七、什么是网络交往? /118

一百零八、怎样慎重结交网友? /119

一百零九、什么是不良诱惑？中职学生应警惕的主要有哪些？ /120

一百一十、不良诱惑对中职学生有什么危害性？ /121

一百一十一、拒绝和战胜不良诱惑的方法有哪些？ /122

一百一十二、为什么会控制不住自己的情绪？ /124

一百一十三、如何理解青春期？ /126

一百一十四、青春期的生理变化有哪些？ /127

一百一十五、青春期的心理特点是什么？ /128

一百一十六、中职学生在青春期的情感是怎么发展的？ /129

一百一十七、成熟的标志是什么？ /130

一百一十八、什么叫异性效应？如何利用异性效应？ /132

一百一十九、中职学生应该怎样看待早恋现象？ /133

一百二十、早恋对中职学生来说有哪些危害？ /134

一百二十一、面对早恋该怎么做？ /136

一百二十二、应如何理解"行己有耻"和"止于至善"？ /137

一百二十三、中职学生如何选择适合自己的职业？ /138

一百二十四、中职毕业生走向职业岗位时如何树立新的意识观念？ /139

一百二十五、什么是职业心理素质？ /140

一百二十六、什么是职业角色？ /141

一百二十七、中职学生由学生角色向职业角色转变是人生道路上的一大转折，如何来调整职业角色冲突呢？ /142

一百二十八、常见的角色失调有哪几种？ /143

一百二十九、职业压力的来源是什么？ /144

一百三十、调适职业压力的方法是什么？ /145

一百三十一、什么叫职业倦怠? /146

一百三十二、职业倦怠有哪些表现? /147

一百三十三、职业倦怠有哪些影响? /148

一百三十四、应对职业倦怠的方法是什么? /149

一百三十五、应对求职就业中心理冲突的方法有哪些? /150

一百三十六、职场人际交往中应注意哪些问题? /151

一百三十七、成功创业需要具备哪些心理素质? /152

一百三十八、如何做好求职心理准备,消除心理危机? /153

试一试1 /154

试一试2 /156

试一试3 /159

试一试4 /160

试一试5 /163

试一试6 /168

一、中职学生心理健康的内涵是什么?

1. 智力正常

中职学生的智力表现:有强烈的求知欲,乐于学习,善于学习,积极参加各种形式的学习活动。

2. 情绪健康

乐观开朗,积极向上,对生活充满希望,并且情绪较稳定,能够控制与调节自己的情绪,还能通过合理的方式宣泄负面情绪。

3. 意志健全

中职学生在进行各类有意义的活动中有明确而自觉的目的,并能按预期的目的主动调节自己的心理活动与行为,始终能克服困难,排除干扰,努力实现目标。

4. 人格完整

个性就是个性心理的简称,在西方称为人

格，指的是个体比较稳定的心理特征的总和。人格完整就是指在接人待物的态度和言行举止中所思，所说、所做都协调一致。行为表现更能真实地反映一个人的个性。

5. 自我评价正确

中职学生能够恰如其分地认识自己和分析自己，既不因为某些方面沾沾自喜，盲目乐观，也不因为某些方面感到自卑悲观，过分看低自己。正确接受自己，悦纳自己，做到能自尊、自爱、自信。

6. 人际关系和谐

人际关系和谐主要表现为：能客观全面地评价自我和他人，在交往中能够保持独立而完整的人格，不卑不亢。

7. 社会适应正常

面对中职学校生活和学习中的各种困难挑战，不怯懦，不气馁，勇往直前，并能及时主动调整应对心态。

8. 拥有符合中职学生的心理和行为特征

中职学生的行为和心理特点应与自己的年龄和社会角色相符。

二、健康是怎么定义的？

1946年世界卫生组织(WHO)成立时，提出健康的定义：健康不仅是指没有疾病和不虚弱，而且是保持身体、心理、社会适应上的完好状态和道德健康。概括地说，健康就是生理、心理、社会这三方面的有机统一，完美和谐。生理完美状态，是指身体各个系统无疾病；心理和社会方面的完美状态，则是指一种持续的、积极的、满意的内心体验；良好的社会适应，是指能有效地发挥个人的身心潜能和社会功能。

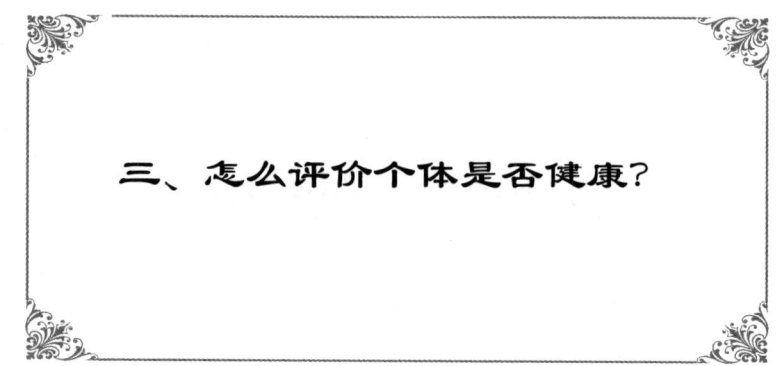

三、怎么评价个体是否健康？

世界卫生组织确定了个体健康的十项标准，包括生理、心理和社会适应三个方面：

1. 有足够的、充沛的精力，能从容不迫地应付日常生活和工作而不过分感到压力。

2. 处事乐观，态度积极，乐于承担责任，事无巨细，不挑剔。

3. 善于休息，睡眠良好。

4. 应变能力强，能适应环境变化。

5. 能够抵抗一般性感冒和传染病。

6. 体重适当，身材匀称，站立时，头、臂、臀位置协调。

7. 眼睛明亮，反应敏锐，眼睑不发炎。

8. 牙齿清洁，无空洞，无痛感，齿龈颜色正常，无出血现象。

9. 头发有光泽，无头屑。

10. 肌肉、皮肤富有弹性，走路轻松有力。

前四项是心理健康方面的，后六项是生理和形态方面的。

四、中职学生身心发展的一般特点是什么?

中职学生(15~18岁的学生)正处于青年早期,一个人生发展的重要阶段。他们正处于由少年向成人过渡的时期,是由自然人向社会人发展的关键时期。他们的心理发展特点具有一般青少年的共性,具有独立性和依赖性、自觉性和盲动性、成熟性和幼稚性、开放性和闭锁性的矛盾关系。

五、中职学生身心发展的具体表现是什么？

1. 在思维能力上，抽象逻辑思维占了优势地位，辩证思维和创造思维有了很大的发展。

2. 观察力、记忆力、想象能力迅速发展，思维的目的性、方向性更明确，自我评价和自我控制能力明显增强。

3. 自我意识的能力和水平提高，对自己形象的关注、自我评价能力进一步提高、自尊心与自卑感并存。

4. 在情绪情感方面，以外显为主向以内隐为主发展，以冲动为主向以自制为主发展。

5. 在性意识方面呈身心发展不平衡、对身体发育关心和烦恼、对异性的兴趣增加等特点。

六、中职学生心理发展中产生的困惑有哪些?

1. 有改变知识现状的愿望,但学习动机及意志力差异明显。

2. 有渴望独立的愿望,但缺乏自我认识。

3. 有与人保持良好关系的愿望,但缺乏相应的沟通技巧。

4. 有丰富课余生活的愿望,但自控能力较弱。

5. 有找到满意工作的愿望,但缺乏对自我发展的信心。

七、中职学生人际交往的表现有哪些？

中职学生很喜欢跟人打交道，而且很善于跟人打交道。与普通高中学生相比，中职学生更擅长"察言观色"，更加善解人意。说他们善于交往，可以从两个方面来理解：一方面，乐于进行人际交往，交往频率高，交往能力强；另一方面，交往的对象更加广泛，不局限于老师、父母、同龄人。

八、职业学校教育的优势是什么？

在职业学校里，中职学生所接受的职业教育摒弃了普通教育重视升学率的教育模式。中职学生可以充分发展自己的特长，培养自己的兴趣爱好，进行一种定向明确的教育，系统的专业学习为提升学生的思维品质等认知能力打上了专业的烙印，从而在中职学校中可以发展职业能力，同时与职业相关的心理品质及能力也得到了相应的培养。

九、为什么要求中职学生穿校服？

中职学生已经有准社会人的自我意识，但有部分同学急切地想按社会要求来塑造自己，表现出更明显的社会化倾向，喜欢背时髦的包、戴首饰，甚至穿奇装异服，竭力地标新立异，寻找一种追逐潮流、做社会"新新人类"的感觉。为了培养中职学生的团队精神，强化学校的整体形象，增强集体荣誉感，让中职学生对自己角色有正确的认识，所以要求中职学生统一穿校服。

十、从心理学角度谈，学生为什么要学习？

儿童进入学校，标志着幼年期已经过去，生活以游戏为主导转化为以学习为主导。这时候学生的主要任务就是要通过学校系统地掌握学习方法和学习态度，学会学习。

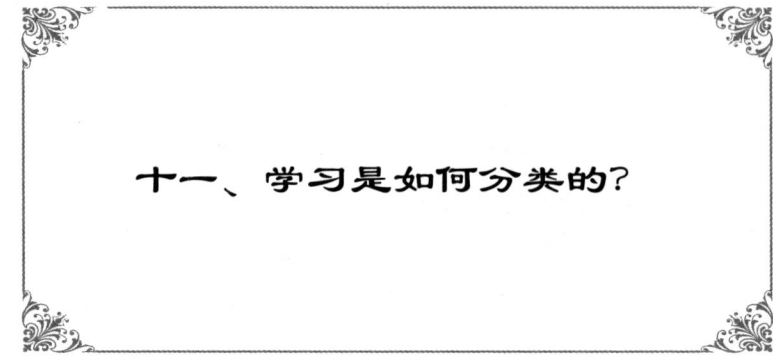

十一、学习是如何分类的？

根据内容与结果把学习分为四类：

1. 知识的学习，包括对知识的感知与理解。

2. 技能与熟练的学习，主要指运动的、动作的技能与熟练。

3. 心智的、以思维为主的能力的学习。

4. 道德品质与行为习惯的学习。

这种划分在日常教育工作中常被采用。

十二、在学校学习的主要特征是什么？

1. 学校学习的对象是间接经验，而非学生自己的直接经验。

2. 学生的学习是在教师的指导下进行的，是在有计划、有目的、有组织的情况下进行的。

3. 学校的学习有一定的被动性和强制性。学习活动有着严格的课程设置，需按日程进行，还要进行考查和考试。

十三、什么是学习态度？

学习态度是学生对学习所持有的肯定或否定的内在反应倾向。学习态度是对学习的认识、情感体验和行为意向的统一体。学习态度的形成直接影响着学习行为和学习结果。积极的学习态度对学习具有促进作用。

十四、提高自己成绩的途径是什么？

提高自己的成绩的途径主要是学习习惯与方法有效结合。首先要培养自己的刻苦学习的精神，养成好的学习习惯；其次面对丰富多样的学习内容，结合自己的特点，选择多样的习学方法；最后制订良好的学习和时间管理计划，树立发展式学习的理念。只要坚持，提高自己的学习成绩是自然而然的了。

十五、学习成绩好是因为智力超群吗？

心理学研究表明：学生学习成绩的好坏，是智力因素和非智力因素共同作用的结果，其中以非智力因素起决定性作用。就大多数人来说，他们的智力发展水平是相差无几的，而非智力因素的差异，决定了学生在学业或在以后的事业上成就的高低。

十六、什么是非智力因素？

广义的非智力因素包括智力以外的心理因素、环境因素、生理因素以及道德品质等。狭义的非智力因素则是指那些不直接参与认识过程，但对认识过程起直接制约作用的心理因素，主要包括动机、兴趣、情感、意志、气质、性格等。

十七、积极学习的特征有哪些？

积极学习的特征主要体现在三个方面：认知、情感和行为。

1. 认知：学生要认识到学习的重要性。中职学生要明白在学校学习可以获得知识和技能，让自己毕业后能顺利地找到合适的就业岗位。

2. 情感：学生在学习的过程中充满好奇心，感到学习的乐趣，在获得知识和技能的同时，提高自我效能感，体验到快乐和成就感。

3. 行为：在情感的基础上，能主动地寻找各种学习的机会，自主地安排学习行为，参与学校的各项学习活动。

悄悄告诉你

我们都知道达·芬奇画鸡蛋的故事，他之所以能够成为著名的绘画家是从不断地临摹鸡蛋开始的。

再看看我们身边的那些成功人士，人们往往只看到他们获得的鲜花与掌声，却忽略了他们所付出的艰辛与努力。其实，他们能够获得那样的成就，都是因为懂得将热忱集中在一件事情上。将你的精力与热忱集中在一个点上，像芝麻开花一样，一节比一节高，这样才能越学越好，回报父母与国家。

十八、产生学习障碍的原因有哪些？

部分中职学生在初中阶段没有养成良好的学习习惯，原有学习基础薄弱，学习能力较差。有些同学因为生活不适应，很难集中注意力去学习。学习障碍的产生既有学生自身的原因，也有家庭教育的不当，社会上的不良影响等原因，同时学校和教师也有一定的责任。

十九、如何树立正确的学习态度？

1. 转变"学习是件苦差事"的观点，体验到通过自己努力而带来的愉悦之情。

2. 改变"学习是替别人（家长、老师）学的"念头，将学习的知识运用到生活中，充分认识学习是我们自己的事。

3. 克服"学习是件很难的事"的消极情绪，正确面对学习中产生的失败和挫折。认真分析是学习方法不当，或是刻苦努力不够，或其他因素，找准症结，对症下药。

二十、为什么会感觉同学成员复杂？

首先，学生的生活背景各不相同。有来自城市的，也有来自农村的。

其次，学生的年龄差异也比较大，有的同学已经步入过社会。

最后，不少同学的成绩和行为习惯之间也有较大差距。

二十一、中职学生是否已经具有社会经验？

有的同学在来校前已经步入社会，确实有一定的社会经验。但也并不是他们自认为的社会经验丰富，有些同学常常以偏概全，不能正确认识社会和自己，导致内心的矛盾和冲突。

二十二、老师说要提高学习自控力,那什么是学习自控力?

学习自控力是指学习者为了保证学习成功,提高学习效率,达到学习目标而运用各种方法对学习活动进行的自我调节和控制。学习自控力是影响学生学习效率的一个重要因素,也反映了学生是否"会学习"。

二十三、为什么有的同学在初中学习平平，到了职业学校学习却取得了骄人的成绩？

美国哈佛大学的心理发展学家霍华德·加德纳指出，现在多数学校只注重学生在逻辑智能方面的发展，却忽略了学生可以有更多的选择，因为逻辑智能并不是人类所有的智能。每一个人可能都拥有区别于他人的某些智能，比如雕塑家与建筑师的空间智能比较强，运动员与舞台演员的动作智能比较强，而作家及思想家的内省智能都超乎常人。

学生在接受职业学校教育的时候，是根据自身的优势去选择适合自己的教育课程。所以他们充满自信地走上自己的道路，并能从职业学校别树一帜的教育模式下脱颖而出，成为其中的佼佼者。

二十四、怎样增强学习效果？

首先，要明确知识的学习是一个坚持的过程。

其次，要制订学习计划，实施计划要持之以恒。

最后，即使遇到困难也不要退缩，可以将计划分解成若干个小目标，然后逐一实现。

二十五、什么是学习基础？

学生的学习基础是指学生入校前原有的知识基础，它既包括陈述性的知识（是什么），也包括程序性的知识（怎么做）。这些知识都是学生个人在以往的学习中建构起来的个体知识，是影响学生学习积极性的内在要素之一。

二十六、怎样表现才是养成学习的好习惯？

一般来说良好的学习习惯可以使学习者用不着别人的监督，就能坚持学习。这样不但有利于当前学习效率的提高，而且对今后的学习和工作也将产生很好的影响，甚至终生受益。

二十七、什么是遗忘曲线与及时复习记忆法？

德国心理学家艾宾浩斯以自己为例进行实验，他本来记住了13个毫无意义的音节，1小时后，只记住了44%，遗忘了56%；两天以后，只记住了记忆材料的28%，遗忘了72%。但是，在这以后，他遗忘的内容就不多了，用坐标表示，如下图。

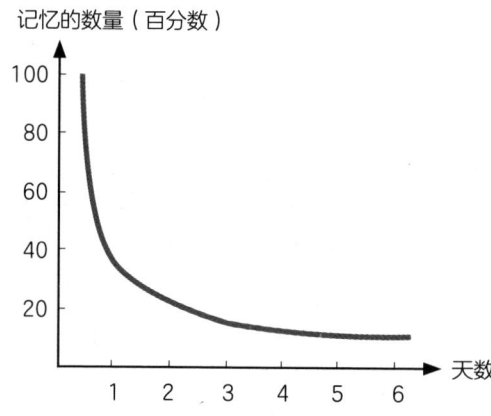

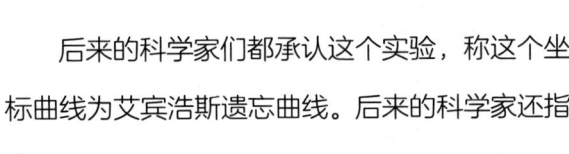

后来的科学家们都承认这个实验,称这个坐标曲线为艾宾浩斯遗忘曲线。后来的科学家还指出:

1. 如果等记忆的内容完全忘记以后,再重新记忆,那么不如在记忆还没有模糊时,及时复习,加以强化。

2. 在学习记忆9小时之内,趁大脑中还有记忆痕迹时,重复练习,虽然只花10分钟的时间,却比5天以后用1小时复习效果要好得多。

3. 但是,在刚记忆不久(半小时到1小时)遗忘率尚不高时,就重复地复习,是没有什么意义的。

二十八、什么是学习习惯？

学习习惯是指学生在较长的学习过程中，逐渐养成的不易改变的学习行为。"路漫漫其修远兮，吾将上下而求索。"人生之路是漫长的，要以学习为己任，在这条路上要不断地奔跑，逐渐实现人生价值。

金钥匙

反馈效应

心理学家罗西与亨利做过这样一个实验，他们把一个班的学生分为三组，每天学习后就测验。研究者把第一组学习的结果每天都告诉学生，对第二组学生只是每周告诉他们一次，而对第三组则一次也不告诉。如此进行了8周教学后改变做法，第一组与第三组对调，第二组不变，也同样进行了8周教学。结果除第二组稳步地前进外，第一组与第三组的情况大为转变：即第一组的学习成绩逐步下降，而第三组的成绩则突然上升。这说明及时知道自己的学习成果对学习有非常重要的促进作用。这告诉我们，学生在日常学习中一定不要忽视对学习成果的及时、具体和有效的反馈。

二十九、中职学生应该如何培养自己良好的学习习惯？

首先，是在学校日常教育教学管理制度中不断强化形成的，比如专心听课、及时复习、独立完成作业、积极应考。其次，是在长期的学习活动中通过意志力逐渐养成，比如肯动脑筋，知难而进，有错必改。

三十、为什么会常常思考"我是个什么样的人?""我将来会成为什么样的人?"

每个中职学生都会有这样的问题,在青年初期阶段开始对自身认识和思考。这就是自我意识,自我意识是指人对自己、自己与他人、与周围环境关系。

三十一、自我意识从个体角度来看包括什么?

从个体本身来说,自我意识是指个体对自己的生理状态、心理特征的认识,以及由此所产生的对自己的态度和对自己的评价,它体现着怎样认识自己和如何对待自己两方面的统一。

三十二、自我意识从交往角度来看包括什么?

从交往关系来说,自我意识是指个体对自身与周围事物的关系的认识、态度及评价,它体现着个体意识到的自身与周围现实的辨证关系。

三十三、自我意识包括哪些方面？

自我意识包括对生理自我、心理自我和社会自我三方面的认知。生理自我是人对自身生理状态的认识和体验，包括对自己性别特征、身材、相貌以及器官组织、生理功能等的认知；心理自我是人对自身心理状态的认识和体验，包括对自己的思维、情感、个性、意志等心理活动的认知；社会自我是人对自己社会属性的认识和体验，包括对自己在群体中的地位、作用以及自己和他人相互关系的认知。

三十四、自我意识产生的重要性是什么？

自我意识是人类特有的反映形式，是人的心理区别于动物心理的一大特征。

个体的自我意识在社会化过程中逐步形成并发展起来，正是由于人具有自我意识，才使人对自己的思想和行为进行自我控制和调节，使自己形成完整的个性。具有完整、统一的自我意识是心理健康的重要条件和重要标志。

三十五、自我意识的结构是什么？

自我意识的结构从知、情、意三个层次分析，包括自我认知、自我体验和自我调控三个子系统，因此自我意识也称为自我调节系统。

三十六、什么是自我认知？

自我认知是自我意识的认知成分。它是自我意识的首要成分，也是自我调节控制的心理基础。自我认知包括自我感觉、自我概念、自我观察、自我分析和自我评价。

点金石

心理学教授曾经对1500位学生进行了一番调查，调查的题目就是"你选择自己的专业，是因为自己的爱好，还是想在将来赚更多的钱？"

那些被调查的学生中，有245人选择了是因为自己的爱好，有1255人选择了赚更多的钱。

这项调查一直持续了10年，其主要目的就是想了解为了个人爱好和为了金钱而努力奋斗的结果是怎样的。

10年之后，调查的结果出来了。为了金钱而学习和工作的人，只有1位成为真正的富翁；而因为个人爱好学习和工作的245人中，有16位成为富翁。

结果告诉我们，在日常学习与工作中充满热忱，才能成为学习上的强者，生活中的巨人。

三十七、什么是自我分析？

自我分析是在自我观察的基础上对自身状况的反思。自我分析其实是认识自己的力量的过程，感知自己在智慧、美德、技能等方面为别人创造幸福和快乐的过程中，理解和体验价值的历程。

三十八、什么是自我评价？

自我评价是对自己能力、品德、行为等方面社会价值的评估，它最能代表一个人自我认知的水平。这是用"自己的尺度"去衡量我们在整个外部世界的能力，很大程度上会依赖于自己的各种兴趣、需要和思想。

三十九、如果自我认知不恰当会怎么样?

自我认知主要解决"我是一个什么样的人"的问题,要求中职学生能在客观的自我认知基础上作出正确的自我评价,如果一个人在社会生活中把自己看得低人一等,没有价值,那么他做事就会缺乏自信心。反之,只看到自己的长处,做事就会盲目乐观。由此可见,正确的自我认知对中职学生身心发展具有重要意义。

四十、自我意识的重要作用是什么?

自我意识是内驱力,只有具有正确的自我意识,中职学生的成长、学习和参与社会的力量才会产生来自自身的强烈驱动力,而不是外在的压力和奖惩因素。增强自我意识,发挥自主能动性,不仅可以帮助中职学生顺利度过职业学校生涯,而且也必将为其一生的有效生存与积极发展奠定良好基础。

四十一、自我体验是情绪还是情感？

自我体验是自我意识在情感方面的表现，是个体对自己怀有的一种情绪体验，表现为自尊心与自信心、成功感与失败感、自豪感与羞耻感。

四十二、什么是自尊心？什么是自信心？

自尊心是指中职学生在社会比较过程中所获得的有关自我价值的积极评价与体验。

自信心是对自己的能力是否适合所承担的任务而产生的自我体验。自信是一个认识自我、尊重自我的理性生活态度。

四十三、要想成功，自信心是中职学生的必备品质，如何才能做到？

1. 要有勇气改变自己的命运。每个人的出生无法更改，但我们的命运却掌握在自己手中，想要成功，就要有勇气改变自己的命运。

2. 要懂得如何发掘自己的财富。

3. 从自身优势出发，去追求自己的目标。自信与成功将会结伴来到我们身边。

悄悄告诉你

有一句很经典的话："世界上并没有什么真正的困难，所谓的困难不过是缺乏面对困难的信心！"之所以有些人能修取得成功，主要是由于强大的自信心，让他们在面对各种困境的时候，能够发挥出主观能动性，在人生的大海中越挫越勇。

如果一个人在遇到困难的时候，只想着怨天尤人、自暴自弃，那么最终只能是一事无成，抱憾终生了。

在多数情况下，自信的人往往能够较好地面对生活中的困境，他们懂得坚持，懂得努力，因此也更容易走向成功。

四十四、自我调控的主要表现在哪些方面？

自我调控主要表现为中职学生对自己的行为与心理活动的调控，包括自我检查、自我监督、自我控制、自我教育等层次。

自我检查是中职学生在头脑中将自己的活动结果与活动目的加以比较、对照的过程。

自我监督是中职学生以其良心或内在行为准则对自己的言行实行监督的过程。

自我控制是中职学生对自身心理与行为的主动掌握。

自我教育是中职学生认识主观世界和教育自己的过程。

四十五、中职学生如何来培养专注力？

1. 要发扬自律精神。每天拿出一定的时间来专注做某件事情，比如画一张画，做一个手工。

2. 要学会管理自己的时间。对时间尝试进行合理规划，改正随心所欲做事的行为。

3. 要敢于对别人说"不"。当别人邀请你做事情时，如果打扰了自己的计划，要敢于拒绝。

四十六、为什么会产生自我意识的矛盾？

中职学生的理想自我认为自己已经是成人，成人感使他们的个体独立意识增强。但是，他们的生活经济来源、社会经验、个人的阅历等使其独立面对生活是力不从心的，想摆脱约束，却无法独立克服一些必须面对的困难，因此会产生自我意识的矛盾心理。

四十七、中职学生自我意识矛盾的表现有哪些?

1. 独立性和依赖性的矛盾。
2. 成人感与幼稚感的矛盾。
3. 开放性与封闭性的矛盾。
4. 渴求感与压抑感的矛盾。
5. 自制性和冲动性的矛盾。

中职学生的心理就是在这样的矛盾中形成并慢慢趋于成熟的,是一个自然过程。

四十八、中职学生思维特点是什么？

思维是人的高级心理活动。学生初中阶段抽象思维开始发展，他们对一般的问题，能够透过现象进行概括和总结；到了高中阶段，逻辑思维、创造性思维迅速发展，他们能够从不同的角度，多维地、立体地考虑问题。并且通过综合、分析、推理找出本质和规律。所以，中职学生好辩论，喜欢钻牛角尖，打破砂锅问到底，敢于挑战老师和家长，呈现出初生牛犊不怕虎的闯劲；但是，有时由于缺乏交流技巧，容易遭受挫折。

四十九、中职学生气质的类型和特征有哪些？

1. 胆汁质：直率，热情，精力旺盛，脾气急躁，情绪兴奋，易冲动，反应迅速，心境变化剧烈，具有外倾性。

2. 多血质：活泼好动，反应灵敏，有朝气，乐于社交，注意力易转移，兴趣情绪多变，缺乏持久力，粗枝大叶，具有外倾性。

3. 黏液质：安稳沉着，反应缓慢，沉默寡言，三思而后行，情绪不容易外露，注意力稳定而较难转移，善于忍耐，具有内倾性。

4. 抑郁质：情绪体验深刻，行动迟缓，有较高的感受性，易于观察他人不易注意的细节，富有幻想，胆小孤僻，具有内倾性。

五十、哪种气质类型比较好呢?

气质类型并没有好坏之分,不同气质类型的学生都能以自己特有的动力特性成为对社会的有用之才。不同的气质类型只影响人的活动方式,但不能决定一个人行动的社会价值和成就的高低。每一种气质类型既有积极方面,又有消极方面。在学习和工作中,应注意分析每个人的气质类型特点,充分利用其积极方面,克服其消极方面的不良影响。

点金石

从学校毕业之后,两位老同学偶然间相遇了,其中一个问另一个的近况怎样?另一个学生回答道:"挺不错的,月薪有3万左右。"

"真的呀?你真是太棒了,是做什么工作呢?"

"做白日梦!"

这则笑话告诉我们不要整天想着一些根本无法实现的梦想,那是不靠谱的,而要为了实实在在、有可能实现的梦想去努力、去奋斗。

五十一、常见的自我意识矛盾有哪些表现？

1. 独立意识与现实依赖之间的矛盾：他们渴望在精神上摆脱成人（尤其是父母）的束缚，但又无法彻底摆脱对成人及外界的依赖心理。中职学生往往处在对独立意向的追求和摆脱不了的现实依赖的心理矛盾中。

2. 理想自我与现实自我之间的矛盾：对理想的实现充满自信并具有强烈的成就欲望。但现实自我的知识、能力、经验与理想自我的实现存在较大的差距，于是出现了理想自我与现实自我之间的矛盾。

3. 自尊心与自卑感之间的矛盾。

五十二、自我意识的统一是什么意思？

自我意识的统一，即寻求自我的同一性。主要体现为主我与客我的统一，理想自我与现实自我的统一，自我与客观环境的统一。

五十三、为什么每个人的自我意识不一样?

1. 生理和遗传因素的影响。
2. 家庭环境和早期教育的影响。
3. 生活事件的影响。

中职学生通过生活事件积累的生活经验(成功或失败)也直接影响着自我意识的发展。

五十四、中职学生常见的自我认知困惑有哪些?

1. 过低的自我评价。

自我期望较高,但在现实中又无法达到,因此对现实自我不满意,但又无法改进,容易形成过低的自我评价。

2. 过高的自我评价。

在这种自我认知下个体表现为过度高估现实自我。这类中职学生往往表现出自高自大、以自我为中心、自以为是,往往不易被周围环境和他人所接受与认可,极易引起他人的反感和不满。

五十五、怎么建立正确的自我认知？

1. 树立正确的认知观念。

中职学生应树立正确的认知观念，接受每个人都有优点和缺点这一事实。优点和缺点不能随意增加或减少，成功和失败也不是完全由自己来评判的。

2. 客观的自我接纳。

理智客观地接纳自己和自己的长处，正确面对挫折和失败。

3. 合理的自我评价。

点金石

我们经常从周围人对自己的态度和看法中来评价自己，好像把别人的看法、态度看作一面镜子，从中来判断自己的形象，这就是所谓的"镜像自我"。别人认为自己能干，自己就认为自己能干，别人认为自己差劲，自己也认为自己差劲。我们应该克服这种"镜像自我"。

一位母亲带着儿子到郊外游玩，其他人家的孩子有的爬山，有的游泳，唯独这个小男孩一个人默默坐在河边凝视湖面。亲友们悄悄地走到这位母亲身边不安地问："您的孩子为什么总是一个人对着湖面发呆？是不是神经有毛病啊？还不趁早带他去医院检查检查？"这个男孩就是爱因斯坦，20世纪最伟大的科学家之一。

五十六、提高自我认知的方法有哪些？

1. 与他人进行比较，提高自我认知。

2. 与自己的过去和现在比较，提高自我认知。

3. 分析他人评价，提高自我认知。

全面理解他人意见，并注意听取多方评价意见，通过分析他人评价，提高自我的认知。

4. 通过综合分析评价，提高自我认知。

将得到的关于自我的信息进行纵横分析，客观地对自我进行全面、综合的评价。

五十七、什么是心理潜能？

　　心理潜能是指在一定情境中，个体心理所具有的潜在能力的总和，它不仅包括受遗传影响较大的智力潜能，还包括人在发展中形成的各种非智力潜能和创造潜能。只有充分认识自身的潜能和价值，接纳和完善自我，并积极去创新追求，才会最大限度地激发自身的心理潜能，获得成功。

五十八、人格魅力是什么？

人格魅力是以道德品质为衡量基准，同时融性格、气质、知识、能力为一体的人的"精神版本"。人格魅力是无形的、精神的形象。它的核心是道德品质，是一个人的软实力。

五十九、中职学生的人格魅力有哪些表现特征?

1.在对于现实的态度或者处理社会关系上,呈现出对他人、集体的诚信,热心,友善,富有怜悯之心;乐于助人和交往,关心和积极参与集体活动;严格要求自己,有积极进取的精神,自信而不自负,自谦而不自卑;对于学习,工作和事业,表现得认真勤奋。

2.在理智上,呈现出感知而敏锐,具有丰富的联想能力;在思维上,逻辑性较强,尤其是富有创新意识和创新能力。

3.在情绪上,呈现出善于调节与控制自己的情绪,保持乐观开朗,振奋心境,情绪稳定而平和,与人交往时能让人心情舒畅愉悦。

4.在意志上,呈现出目标明确,行为自觉,善于自制,勇敢果断,坚韧不拔,持之以恒,坚持不懈等一系列积极品质。具有上述良好性格特征的人,常常是在群体中受到欢迎和敬重的。

六十、中职学生的心理困惑主要表现在哪些方面？

中职学生出现心理困惑是社会化的体现，是一种正常的心理现象，主要在以下方面出现不同程度的困惑和烦恼：

1. 在学习方面，最常见的问题是厌学、注意力不集中和考试焦虑。其原因来自学校、社会、家长等多方面。

2. 在人际关系方面，主要表现在亲子关系、师生关系和友伴关系三个方面。

（1）亲子关系方面，主要表现在一些家长对孩子的期望过高，要求过严，教育方法不当，影响了子女与父母之间的正常关系。

（2）师生关系方面，主要表现在部分教师缺乏平等意识，教育方法有失妥当，导致学生经常对部分教师感到害怕。久而久之，师生关系自然疏离。

（3）友伴关系方面，主要表现在部分学生不善于与同学交往，其中部分人是因为在交友观念和沟通能力上存在问题、少数人是在人格特征方面存在某种缺陷。

3．在情绪方面，主要表现在情绪不够稳定，消极体验过多，自制能力较差。

4．在自我观念方面，主要表现在部分学生自信心不足，有些人甚至自卑感很强。

5．在社会适应性方面，主要表现在部分学生缺乏积极的生活态度，其中少数人甚至有轻生的念头。

六十一、嫉妒心理为什么要不得？

嫉妒者总把他人在相貌、才能、地位、境遇等方面的优势视为对自己的威胁，因而焦虑、愤怒甚至产生怨恨。嫉妒心理较强的中职学生，内心总是处于极度的压抑状态，久而久之将严重影响其身心健康。

六十二、为什么会形成自卑心理呢？

1. 个人先天的因素。

中职学生性格因人而异，有些同学天生内向、腼腆、交际能力较弱，进而羡慕那些性格外向的同学，产生怨恨自己的自卑感。这种自卑心理给中职学生带来的精神压力极为普遍。

2. 不能正确地面对现实、认识自我。

中职学生进入职业学校后，他们的自我意识逐渐增强，其理想自我与现实自我矛盾更为激化。部分中职学生认知很容易发生偏差，由此产生自卑心理。

六十三、中职学生摆脱自卑心理的具体方法有哪些?

1.正确认识自己,提高自我评价。

自卑的人往往注重接受别人对他的低估评价,而不愿接受别人的高估评价。其实,我们每个人都有各自的优点和不足。因此,有自卑心理的中职学生,首先,要正确认识自己,提高自我评价,要经常回忆自己的长处和自己经过努力做成功了的事例;其次,要善于发现自己的优点,肯定成绩,以此激发自己的自信心,不要由于自己某些缺点的存在而把自己看得一无是处,不能因为一次失败而以偏概全,认为自己什么都干不了。

2.善于自我满足,消除自卑心理。

自卑的中职学生一般都比较敏感脆弱,经不起挫折打击。一旦遭受挫折,就很容易意志

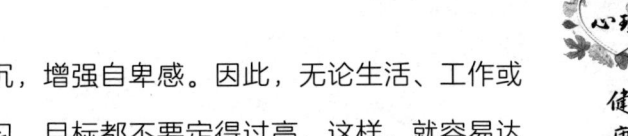

消沉，增强自卑感。因此，无论生活、工作或学习，目标都不要定得过高，这样，就容易达到目标，避免挫折的发生。

3.学会广泛交际，增强生活信心。

自卑的人多数比较孤僻、内向、不合群，常把自己孤立起来，很少与周围人心理沟通，这样极易使心理活动走向极端。自卑的中职学生应多参与社会交往，抒发被压抑的情感，增进与同学间的友谊和情感，使自己的心情变得开朗，自信心得到恢复。

六十四、中职学生常见的自我调控问题是什么？

中职学生在自我调控上虽然具备了明显的自觉性、主动性，但在追求上进的同时，由于困难、挫折在所难免，所以不少中职学生常常情绪波动，在困难面前望而生畏、自我放弃。

另外，中职学生随着自我控制独立性的增强，常表现出力图摆脱约束（特别是父母和老师的约束）。极易产生逆反心理，不分正确与否，一律反抗，容易妨碍自己的成长。

六十五、中职学生怎样加强自我调控？

自我调控是人主动定向地改变自我心理品质、特征和行为的心理过程。这是一个主动改变现实自我，以接近理想自我的过程。中职学生应从自我实际出发，合理定位，确定适合自己的具体奋斗目标，克服困难，排除现实中的各种干扰，用自尊和自信来激励自我，从而做到自我的有效调控，最终实现理想的自我。

六十六、什么是自制力？

中职学生在自我调控过程中是需要自制力完成的。自制力是指一个人在意志行动中，控制和调节自己的情绪、约束和支配自己言行的能力。

六十七、中职学生完善自我意识的途径有哪些?

1. 与他人比较,最重要的是要选择恰当的参照系,盲目比较会导致认知发生偏差。

2. 与过去的自己进行比较,通过把现在的"自我"与过去的"自我"进行比较,全面地认知自我。

3. 分析认识和评价他人,在评价他人过程中,也接受他人对自己的评价。做到全面理解他人意见,并注意听取多方评价意见,通过分析他人评价,加强对自我的认知。

4. 将通过与他人比较和自我比较得到的关于自我的信息进行综合分析,客观地对自我进行全面的评价。

5. 经常自我反省,从所获得的认知经验与教训中了解自己的个性、能力、信念的发展趋势,及时调整。

六十八、自我观察主要包括哪几个方面？

1. 对生理自我的观察，包括对外貌、气质和健康状况等方面的观察。

2. 对社会自我的观察，包括对自己在所生活集体中的表现、社会适应能力、组织活动等方面的观察。

3. 对心理自我的观察，包括对自己的品质、能力、态度以及情绪等方面的观察。

六十九、情绪情感的含义是什么？青春期的情绪特点是什么？

情绪情感是指人对于客观事物是否符合自己的需要而产生的态度体验。

青春期情绪容易波动，而且表现为两极性，即有时心花怒放、阳光灿烂、满面春风，有时愁眉苦脸、阴云密布、痛不欲生，甚至暴跳如雷，可以用"六月天孩子"来形容。

七十、我们为何会有不同的情绪体验？

当客观事物符合我们的需要时会对它产生肯定的态度，从而引起人愉悦、欢快、幸福的内心体验；当客观事物不符合我们的需要时会对它产生否定的态度，从而引起人的焦虑、痛苦、恐惧等内心体验。这些内心体验反映的是具有一定需要的个体与客观事物之间的关系。

七十一、情绪情感的功能是什么？

1. 适应功能

情绪情感能引起人体生理反应发动其身体的能量，使人处于适宜的活动状态，便于人适应环境的变化。

2. 动机功能

情绪情感能驱动人从事活动，提高人的活动效率。情绪情感通过对内驱力提供的信号进行放大或增强，来更有力地激发有机体的行动。

3. 组织功能

积极的情绪情感对活动起促进作用；消极的情绪情感对活动起着瓦解作用；由此可知，情绪情感对心理活动具有组织功能。

4. 信号功能

情绪情感具有交流思想、沟通了解、传递信息的功能。

5. 影响人的身心健康

良好的情绪情感能促进人的身心健康，不良的情绪情感不利于人的身心健康。

七十二、情绪情感的两极性表现有哪些？

1. 肯定与否定

根据是否满足（不能满足）自己的需要或能促进（妨碍）这种需要得到满足的事物，便会引起人肯定或否定性质的体验。但是肯定、否定两极的情绪并不是绝对互相排斥的，它们可以在一定条件下相互转化，甚至可以在同一事物中同时出现。

2. 积极与消极

情绪情感的动力性表现为积极的作用和消极的作用两极性。一般地讲，需要得到满足时产生的肯定情绪是积极的，可以提高人的活动能力；需要得不到满足时产生的否定情绪是消极的，会降低或削弱人的活动能力。在遇到不同的情况下，不同的人同样的情绪可能既具有积极的性质又具有消极的性质。

3. 紧张与轻松

情绪情感的两极性还表现为紧张与轻松。紧张的程度取决于当时情境的紧迫性，也决定于人的应变能力及心理准备状态。

4. 强与弱

在情绪情感强度方面，有强与弱两方面。人的任何情绪情感强度都有一系列由弱到强的等级变化。情绪情感强度决定引起情绪的事件对人的意义以及个人的既定目的和动机是否能够实现和达到。

5. 激动和平静

激动的情绪表现为强烈而短暂。与其对立的是平静的情绪，人在多数情境下处于平静的状态之中。

点金石

古文里有一段很有名的对话。寒山子问拾得："世间有人谤我、欺我、辱我、笑我、轻我、贱我，如何处之乎？"拾得笑曰："只要忍他、让他、避他、由他、耐他、敬他、不要理他，再过几年，你且看他。"这样的话语中其实包含了人生的许多哲学，而宽容则是一种很重要的人生哲学。人的一生至少要用宽容心原谅三个人。

1. 你必须原谅自己

在这个世界上"人生不如意事十之八九"，没有完美，人都有犯错和力所不能及的事，也不可能得到每个人的认可。当你长久沉浸于自责之中时，人生

会变得悲观，同样的错误不但不会消失，而且会在你的人生中出现得更加频繁，所以你要时常保持微笑，宽容自己。

2. 你必须原谅你的敌人

在一个竞争激烈的现代社会里，你不知何时就会多了一个敌人。特别是当今社会工作压力越来越大，难免会有人与你想法不一样，他可能会在背后议论你、诽谤你，把你当作敌人。

即使你是一个与世无争的人，可麻烦偏偏会找上你，这时你要怎么办？是让自己和敌人变得一样心胸狭小呢，还是时时记恨着有那么一些人陷害过你？以一颗宽容之心对待吧，因为你的愤怒只会影响到自己和家人，而不会影响到别人。你应当感谢你的敌人，因为那些丑陋能让你更加珍惜人生的美丽，会让你更清楚你想要的幸福是什么。

3. 你还要原谅你的朋友

因为在你寻找快乐的途中，可能越是亲密的朋友，对你的伤害越大，可朋友对你的伤害很可能是无意的，或许是嫉妒之心激起的一时冲动。所以你要原谅朋友，因为他们曾经给过你帮助和快乐。人生一世，没有什么是不可以原谅的。让我们在生活中学会宽容，当人生处于低谷时，我们要学会打开另一扇窗户，或许会有更美的风景。

七十三、中职学生情绪情感的变化受什么因素影响？

1. 生理因素

人的心理活动是在大脑中进行的，而大脑是由大量的神经细胞组成的，神经活动会直接引起情绪的变化。

2. 心理因素

凡是能满足个体需要的事物都会引起人们的积极情绪情感；而妨碍个体某些需要满足的事物，就会引起人们的消极情绪。

3. 环境因素

中职学生所处的客观环境因素有家庭、校园和社会。这些客观环境中发生的事情都能触发中职学生的情绪变化。其中，家庭因素是最重要的；校园作为学生生活和学习的环境场所，对中职学生的情绪情感也起着重要的作用；社会环境会影响中职学生的价值观。

七十四、健康情绪的标准是什么？

1. 体验较多的愉快的情绪

愉快的情绪表示人的身心活动的和谐与满意。一个人经常体验愉快情绪时，表现为积极乐观，蓬勃生机，精神焕发，对学习和成长都是有益的。

2. 能合情合理表达自己的情绪情感

善于调节自己的情绪，对一些不良情绪情感能够控制，保持情绪情感的稳定。

3. 情绪情感的反应与情境相适应

一定的事物变化可以引起个体情绪情感的波动，这是正常的变化。可是如果反应的强度，时间与其不符，则是情绪情感不健康的表现。

七十五、中职学生如何培养积极的情绪情感？

1. 调整心态，保持良好心境。

2. 合理恰当地对不良情绪进行宣泄。以不影响他人、不危害自己为原则。

3. 将注意力转移到自己感兴趣的事情上去，避开产生不良情绪的缘由，以便更好地调整自己的状态。

4. 正确对待他人的评价。

日常生活中，中职学生不要特别在意他人的评价。因为他人的评价也许比较客观，也可能不太客观，过分在意会产生极大的困扰情绪。

5. 中职学生应建立自己良好的社会支持系统。

社会支持系统是指能对自己尤其是精神方面给予支持和帮助的人际关系网。这种人际关系网主要是由亲人、朋友以及其他能够提供帮助的人员组成。

七十六、中职学生如何进行自我心理调适？

1. 挫折心理调节常见的方法有改变认知、改变行为、转移法、宣泄法、自我暗示、想象调节、身心放松，升华法等。

2. 自我心理调节方法有倾诉、旅游、读书、听音乐、求雅趣、做好事，忘却等。

金钥匙

"皮格马力翁效应"或"罗森塔尔效应"

罗森塔尔及其同事来到一所学校，对学校的学生进行智力测验。测验之后，研究者告诉老师们，班上有些学生属于大器晚成者，并把这些学生的名字念给他们听。自从罗森塔尔宣布这些有潜力的学生的名单之后，罗森塔尔就再也没有和这些学生接触过，老师们也再没有提起过这件事。

这个研究的核心是，所谓有潜力的大器晚成的学生的名单，是从参加测验的学生中随机挑选出来的，他们与班上其他学生没有显著不同。可是当学期期末，再次对这些学生进行智力测验时，他们的成绩显著优于第一次测得的结果。

罗森塔尔认为：这可能是老师认为这些学生更有潜力，而这些学生也更加自信，更加努力，才使他们的成绩得以改善。

七十七、什么是意志行动?

意志是人自觉地确定目的,并根据目的支配调节自己的行为,克服各种困难以实现预定目的的心理过程。这种心理过程是通过行动表现出来的,这种受意识支配,表现意志的行动叫意志行动。

七十八、意志行动的特征有哪些?

意志行动是意志的外部表现,它有两个特征:

1. 意志行动是自觉的、有目的的行动。

人的意志行动是与其自觉的目的相联系的。一个人的意志水平越高,他的行为盲目性和冲动性就越少。

2. 意志行动和克服困难相联系。

并非所有有意识的行动都是意志行动,只有与克服困难相联系的行动才是意志行动。一个人意志坚强的水平往往是以困难的性质和克服困难所需要的努力程度来衡量的。

七十九、意志品质的内容有哪些？

意志品质主要有自觉性、坚韧性、果断性和自制性。

1.自觉性：自觉性是指能根据自己行动的目的和意义，主动调节支配自己行动的意志品质。

2.坚韧性：坚韧性是指在实现自己预定目标的行动中，不怕失败和挫折，坚持不懈，不达目的不罢休的意志品质。

3.果断性：果断性是指一个人能迅速做出决断并立即实施的意志品质。

4.自制性：自制性是指一个人善于根据预期目的或既定要求，控制自己的心理活动和行为的意志品质。

八十、中职学生意志品质的特点是什么？

中职学校的学生，自我意识增强，意志品质也迅速提高，但普遍呈现出个体差异性和不平衡性。中职学生的意志品质具有以下特点：

1. 独立性明显增强，但仍伴有较强的依赖性。

随着年龄增大，中职学生普遍有强烈的独立意识，但是因为其独立生活能力不足、经济不能独立、心理也没有完全成熟，所以许多问题无法解决，尤其在就业、升学等对人生有影响的事情上，仍对父母和老师有较大的依赖性。

2. 自觉性有很大提高，但仍具有较大惰性和受暗示性。

中职学生已经能够自觉地根据客观情况的变化调整行动目标和计划，保持较高的自觉性。

但惰性仍是常见的意志缺陷，主要表现为懒散、拖拉、退缩、逃避等行为。同时，受暗示性也很严重，它主要表现是容易受到其他言行的左右，没有主见，缺乏自信心和决心。

3. 果断性增强，但仍带有冲动性。

随着知识水平的提高和经验的丰富，中职学生的果断性有了较大的发展，但也经常出现犹豫不决或轻率决定的行为。

4. 自制力有所提高，但还很薄弱。

中职学生的自制力比小学、初中阶段有较大提高，但容易受到情绪或外界环境的干扰，使自己的学习和生活计划搁置。

八十一、中职学生意志品质增强有哪些方法？

中职学生要充分了解自己意志品质的弱点，学会调节自我，努力克服困难的主观能动性，增强耐挫能力，实现学习目标。

1. 树立志向，明确目标，有计划地实现。

中职学生有志向但通常不稳定。远大的志向可以分解成若干个小目标，只要逐一实现短期目标，就能实现长远目标。树立目标时，中职学生要根据自己个体差异性，以自己的实际情况为基础来制定目标。

2. 意志锻炼需要方法，循序渐进。

有的同学为了达到某一目标，滥用意志力，过分强制自己去做超出自己能力的事情。其实要按渐进方式强化行为，这样再固化下来，形成良好的个性。

3. 挫折训练，必不可少。

中职学生要明白，意志的培养和克服困难密不可分，环境越困难越能锻炼一个人的意志品质。中职学生要有意识地对自己在挫折和困境中进行磨砺，积极锻炼自己。

4. 遵纪守法，养成习惯。

严格按照中职学生守则、学校校规校纪的道德规范来约束自己，遵守国家宪法。督促自己发现意志品质的优缺点，积极进取，养成良好的行为习惯。

八十二、什么是人际交往？

人际交往又称为人际沟通，指个体通过一定的语言、文字或肢体动作等表达手段将某种信息传递给其他个体的过程。动态上讲，人际交往是指人与人之间的信息沟通和物品交换；静态上讲，人际交往是指人与人在沟通交往中建立起心理上的联系，也就是通常所说的人际关系。拥有良好的人际关系，能与周围环境形成良性互动，成为一个人生存和发展的必要条件。

八十三、人际交往的原则有哪些？

1. 相互、互惠原则：首先，人际关系的基础是彼此之间的相互重视与支持。人际交往中的接近与疏远、喜欢与不喜欢都是相互的。其次，互惠是指双方在满足对方需要的同时，又能得到对方的报答。人际交往是双向选择，双向互动。在交往的过程中双方既要考虑共同利益，又要深化感情。

2. 尊重原则：渴望得到尊重是每个人的心理需求。尊重包括自尊和尊重他人两个方面。自尊就是要尊重自己，维护自己的尊严，不要自暴自弃。尊重他人就是尊重他人的人格、个性、生活习惯，兴趣爱好和隐私；注意保持彼此的距离，不要过多地介入对方的生活或内心也是对他人尊重的表现。只有尊重别人才能得到别人的尊

重。

3.平等原则：要做到将心比心，让对方感到安全、放松与平等，这样就能和那些与自己在各方面有差距的人建立良好的人际关系。

4.自我价值保护原则：自我价值保护是一种自我支持心理倾向，对肯定自我价值的他人，个体予以认同和接纳，并反过来对他们予以肯定与支持；而对否定自我价值的人则予以疏离。

5.理解原则：理解是成功的人际交往的必要前提。理解就是我们能真正了解对方的处境、心情、好恶、需要等，并能设身处地地关心对方。

6.宽容原则：宽容就是学会换位思考，不要对别人的一点过失斤斤计较，要不计前嫌，帮助他人取得进步。宽容是一种美德，是一种气度，是协调人际关系的润滑剂。

悄悄告诉你

人与人之间信任和爱这类亲密关系的建立，需要有以下三种认识：

1.这个人愿意听我说话；

2.我可以自由地表达我的认识和感情，而不会被对方扭曲；

3.这个人对我所做的事，让我觉得自己很重要、很有价值。

没有这三种认识，我们不可能信任别人，也不会相信他们说的话，在他们面前，我们也会掩饰自己。

八十四、人际交往的功能是什么？

1. 获得信息功能

建立良好的人际关系后，人门就能更广泛、更直接、更迅速地获得信息。

2. 社会化功能

社会化是个体由自然人成长、发展为社会人的过程。人的社会化必须要在个体与他人的交往中实现。

3. 满足心理需要，维护身心健康

人际交往是人类社会不可缺少的组成部分，人的许多需要都可以在人际交往中得到满足。通过人际交往不仅让他人来了解自己，自己也能够了解其他人，很多人生的经验，就是在人际交往中积累起来的，也是人们实现社会化的重要途径和方法。

八十五、中职学生人际交往的重要性是什么？

处于青春期的中职学生，思想活跃、感情丰富，人际交往的需要极为强烈，人人都力图通过人际交往获得友谊，满足自己物质和精神上的需要。

1. 良好的人际关系，可以使学生精神愉快，充满信心，保持乐观的人生态度。一般来说，具有良好人际关系的学生，大都能保持开朗的性格和热情乐观的品质，从而正确认识和对待学习和生活中的各种现实问题，形成积极向上的优秀品质，迅速适应中职学校的生活。

2. 如果缺乏积极的人际交往，不能正确地对待自己和别人，心胸狭隘，容易产生精神和心理上的巨大压力和难以化解的心理矛盾。严重的还可能导致病态心理而影响身心健康。因此，良好的人际关系可以满足中职学生对友谊、归属、安全的需要，从而获得充实、愉快的精神生活，促进身心健康。

八十六、中职学生人际交往的特点及变化是什么？

从年龄上看，中职学生这一时期是其人生发展变化的重大转折时期，心理学家称为"心理断乳时期""心理危机时期"。

1. 内心闭锁性与渴望理解相结合。许多中职学生在进入青春期后，自我意识增强，逐渐把自己的内心封闭起来，开始不愿向他人，尤其是家长和老师倾诉，更偏爱写日记，并将日记本隐藏起来。一方面紧锁内心，但另一方面又渴望获得他人的理解，表现出强烈的交往要求和期望得到他人理解的愿望。

2. 交往对象的变化，渴望与异性交往。许多中职学生会在同龄人中寻找自己的知心朋友，一旦寻找到自己的"知己"，便能敞开心扉。由于生理的日渐成熟，性别意识得到了前所未有的

强化。在此阶段，女学生开始特别注意自己的外貌与形态，更加显示自己女性的特性；男学生则呈现出他们勇敢、刚毅的一面。异性交往开始呈普遍化趋势，男女双方都渴望与异性交往。

3. 更加重视内心的体验。与初中阶段的寻找玩伴相比，中职学生的人际交往逐渐转变为结交志同道合的知心好友。

开始关注交往对象的个人内在素质，交往活动的内在体验，开始试着与不同背景、经验和观念的人交朋友，获得新的感受，并开始注意自己建立的这些人际关系是否对自己有意义。

点金石

太阳与风打赌，谁更能干，谁更强壮。

风说："当然是我。你看下面那位穿着外套的老人，我打赌我可以比你更快地叫他脱下外套。"

说着，风便用力对着老人吹，希望把老人的外套吹下来。但是，它越吹老人，老人把外套裹得越紧。

后来风累了，太阳便从后面走出来，暖洋洋地照在老人的身上，没多久老人便开始擦汗，并且把外套脱下。

于是太阳对风说道："温暖与友善永远胜过激烈与强暴。"

这个故事告诉我们：越受批判，包得越紧！越感到温暖，人越开放！

当我们爱一个人、尊敬一个人时，让对方感受到爱和尊重，觉得安全和温暖，这样就会让对方来接纳自己。

八十七、影响人际交往的因素有哪些？

1. 社会环境因素

当今社会经济、网络信息技术迅速发展，中职学生正是世界观、人生观、价值观形成的重要时期。更新速度极快的各类文化观点，直接对中职学生造成冲击，使学生的生活方式、评价体系、行为模式、价值观念、行为模式等直接受到影响和改变，也对学生的人际交往产生重要的影响。

2. 学校环境因素

校园是学生活动的基本场所，班级是学校的基本单位。特别是住宿制的中职学校，同学在一起学习和生活，更容易和学校教师、同学形成更紧密和深入的人际关系。因此，学校的人际关系是影响学生人际交往的环境因素。

3. 家庭环境因素

家庭环境也是影响中职学生人际交往的重要因素。学生的家庭结构、家庭成员间的人际关系、家庭的教养方式以及家长的素质等对学生的人格以及人际交往都有直接或间接的影响。

4. 个人因素

中职学生不同的人格特征和个性心理也会影响日常的人际交往活动。一般来说，外向的学生比内向的学生更能表现出交往的意愿和行动，在人与人交往时大胆、自信；有些内向的学生虽然给人感觉不善于交往，但并非都是不愿与人交往，有可能是由于羞涩、胆怯等原因所致。

具有良好的个性心理品质往往具有较强的人际吸引力，不良的人格特征容易使人产生不愉快，影响学生的人际交往。

八十八、人际交往能力包括哪些因素？

人际交往能力是指妥善处理内外关系的能力，包括与周围建立广泛联系和吸收、转化外界信息，正确处理周围关系的能力。人际交往能力表现为：

1. 表达理解能力。体现在一个人是否能够将自己内心的想法表现出来，让他人能够清楚地了解自己的想法，还包括自己是否能够理解他人的想法。

2. 人际融合能力。指一个人是否能体验到他人的可信以及可爱。

3. 解决问题的能力。该项能力是指在与人交往的过程中是否有独立解决问题的能力。

八十九、中职学生常见的人际交往困惑有哪些?

1. 自卑心理引发的人际交往问题。

2. 和父母沟通不畅引发的亲子关系紧张问题。

3. 对老师的逆反情绪造成师生交往的对抗问题。

4. 无原则的同性交往问题。

5. 过"度"的异性交往问题。

6. 盲目的网络交往问题。

九十、自卑会影响自我发展吗？

自卑心理是一种轻视自己、不相信自己，对自己持否定态度的自我情绪体验。过强的自卑感是种不良的自我体验。自卑感强的学生往往看不到自己的长处和优点，认为自己不如别人，悲观失望。具有自卑心理的学生常用回避与别人交往的方法来避免别人看出自己的缺陷和不足，独来独往，产生孤独的体验，容易形成自闭的性格，从而影响到中职学生正常的人际交往。

九十一、如何转变对自己不恰当的认知？

中职学生首先就要扭转自己在认识上的偏差，要把选择职业中专看成一个新的起点，既然选择了这条道路，就要认真学习知识技能，一定可以拥有精彩成功的人生；要客观全面地分析和评价自己，要积极去发现和寻找自己身上存在的优点，增加自信，主动去和他人交往；学会自我解嘲，对自己在日常生活中的进步进行自我肯定和自我鼓励。

九十二、代沟是指什么？

代沟指的是两代人之间由于价值观念、心理状态、生活习惯等产生的差异。它是两代人之间存在的某些心理距离和隔阂。

九十三、为什么会与父母产生代沟？

1. 生理发育与心理发育的差距产生矛盾。由于中职学生生理快速发育，外形上趋向于成人化，所以青少年产生了成人感，心理上渴望从父母的束缚中解放出来。但是在知识、经验、能力、情感等方面只处于半成熟状态，也未能形成个人完整的世界观和价值观体系，对自己生理特征的发展和变化会出现诸多困惑及不适应，感觉这些困扰有时候不能被父母理解。

2. 在与父母的相处过程中，由于父母与子女看问题的角度不同，父母容易将成人的观点强加给子女，或是在行为上约束和控制子女，从而导致逆反，导致代沟出现。

3. 通常的情况下，成人只顾青少年的学业成绩，而对于他们人格成长有益的活动却加以限制或禁止，很多学生会因此感觉父母不能理解自己，只会指责或是要求自己，感到非常反感，难以自控情绪，便与父母产生矛盾冲突。

九十四、如何消除与父母的代沟？

1. 换位思考，互相理解

为了消除隔阂，中职学生要了解代沟对自己与父母关系的影响，不能一味地埋怨父母不能理解和尊重自己。应多站在父母的角度去考虑问题，理解父母要求自己的良好初衷，自觉孝敬长者，体谅父母，减少与父母的摩擦。

2. 积极沟通

在与父母交往中出现问题时，要尽可能地主动与父母进行沟通；此外，在父母提出沟通要求时，一定要主动配合，双方都持积极的态度才能顺利沟通。

九十五、如何孝亲敬长？

1. 自觉地尊重、感恩父母

深刻地体会父母养育之恩，重视父母宝贵的人生经验，虚心接受父母合理的建议和要求。用委婉、温和的方式表达自己的意见，让父母可以平心静气地接受自己的看法。

2. 充分地理解、倾听

中职学生和父母在生活环境、社会责任等方面都会有差别，对某些观念的理解、行为方式都会有不同的认识。作为子女，应主动与父母谈心、讨论，增进彼此的相互理解，达到心灵和感情的温情交融。

3. 多为父母分担、分忧

主动地做一些力所能及的家务活；在父母的帮助下学着处理一些自己还不能胜任的事情；分忧是青少年社会化的表现，是责任感和使命感的体现。

九十六、正值青春期的中职学生该如何与父母和谐相处呢?

下面介绍一些与父母相处的方法:

1. 了解并理解父母。据心理学家对人心理活动的研究,成人的心理活动大致有以下几个类型:积极愉快型、直接兴趣型、关心健康型、追求支持型、坚持工作型、冷淡型、自责型、愤怒型。理解这些特点,有的放矢地帮助父母矫正和改变其消极心理,注意使其开拓胸襟,陶冶情操,这样必将有益于其身心健康。

2. 尊重和安慰父母,满足父母的心理需要。征询父母的决策意见,常与父母谈心,告知行动信息,支持丧偶父母再婚,与父母同享天伦之乐,关心父母的生活起居,嘘寒问暖等。

3. 要赡养扶助父母。

九十七、什么是感恩？

感恩是对他人、社会和自然给予自己的恩惠和方便在心里产生认可并希望回馈的一种认识、情怀和行为。感恩品德是社会要求公民尤其中职学生应该具有的基本素质，它并非是与生俱来的天性，而是需要后天的教育来培养的。

九十八、教师的职业内涵是什么？

教师是一个古老的职业。韩愈在《师说》中说："师者，所以传道授业解惑也。"教师是人类文明的传承者。

在现代社会，教师是一种专门职业，是履行教育教学职责的专业人员，承担着教书育人的使命。现代教师的要求是：有理想信念、有道德情操、有扎实学识、有仁爱之心的好教师。

九十九、为什么中职学生会喜欢不同的老师？

由于老师年龄、学识、阅历、性格、思维方式、情绪情感表达方法的不同，由此呈现出不同的风格。每个中职学生心目中都有自己喜欢的好老师，老师们的形象、风格各有不同，我们要接纳老师之间的差异。

一百、中职学生怎样面对风格不同的老师？

1. 承认老师之间的差别。我们喜欢某位老师很正常，但是我们也要接纳老师之间的差异，这样才能愿意和老师接触。

2. 寻找不同风格老师的优点。从多方面了解老师职业的特点，善于发现老师的优点，尝试着主动与老师交往。

3. 了解老师的教育行为的目的。理解老师教育行为的良苦用心，从内心去体会老师的付出和关爱。

一百零一、中职学生与老师的交往重要吗？

师生交往是中职学生人际交往中比较密切、严肃的人际关系，在中职学生的人际关系网中占有重要的地位。当中职学生对老师的教学方法、工作方式，态度接受时，他们会由衷地佩服老师，愿意和老师交流思想，并积极参加各种文体活动。反之，中职学生会把反抗情绪表现在老师身上，导致师生关系的严重冲突，甚至会使中职学生出现冷漠、不合群的不良性格，影响中职学生的身心发育。

一百零二、中职学生人际交往中常遇到的困惑有哪些？

1. 渴望交往，但由于交往能力、方法有限，或者自己个性的问题，交往的效果不好。

2. 部分中职学生与大多数人交往关系良好，与个别人关系不融洽，而自己想获得全体人的喜欢。

3. 一些同学孤芳自赏、沉默寡言、自恃清高，不愿和他人交往。

4. 能交到朋友，但认为是"知心朋友"的很少，或者交不到。

5. 有与人交往的愿望，但每与人交往时，便会心跳加速，面红耳赤，害怕与陌生人接触，无法与陌生人交往，为此而封闭自己。

点金石

一位太太刚拿到驾照，一天和先生一起出行。太太开车，先生在一边对太太的车技念叨不停，很快太太感觉委屈，开始对先生的话冷处理。先生很快发现了太太的变化，不再说什么了。沉默了一会儿，先生问太太："晚上打算吃什么？"此时的太太不想理他佯装专心开车，于是先生打开车窗，对着窗外大喊："我说……咱们今天……晚上吃什么……你听见……了没？"见此状况太太忍不住笑了，所有不好的情绪都没有了。

幽默，是沟通的润滑剂，四两拨千斤，避免了人与人之间的摩擦。

一百零三、什么是"哥们儿义气"?

"哥们儿义气"是中职学生中常见的人际交往问题。这是一种比较狭隘的封建道德观念。中职学生处于青春期,缺乏自控能力,会脑门一热,不计后果地去做一些冲动的事情。渴望得到他人,尤其是朋友的认同,于是会参与到小团体,寻找"死党",为"哥们儿""两肋插刀",认为这就是友谊,不顾一切去迎合哥们儿,甚至知道有些行为是不对的,也要执意去做。

一百零四、"哥们儿义气"为什么要不得？

因为这种行为不顾一切地讲义气，没有原则，没有底线，违背社会公德，甚至有时还会触及法律底线。即使赢得朋友的信任和认可，也不是真正的友谊，对友谊的认识和理解存在着偏差。所以"哥们儿义气"要不得。

一百零五、什么是友谊？

友谊是中职学生的同伴关系中，尤为重要的关系。它是指与亲近的同伴、同学等建立起来的一种特殊的亲密人际关系。友谊对个体发展有着更加重要的影响。

友谊是一种亲密关系，结交友谊的双方是平等的、双向的。

友谊是一种心灵的相遇，经得起时间和风雨的考验。友谊是变化的，要学会接受一段友谊的淡出，坦然接受新的友谊。

在竞争中坦然接受并欣赏朋友的成就，做到自我反省和激励。

友谊是有原则的，朋友之间的信任和忠诚不代表不加分辨地为朋友做任何事。

一百零六、怎样才能建立友谊？

1. 自己主动表达需要，持续的行为表现，同时要明白即使对方拒绝，也并不意味着自己不好。

2. 需要体会朋友的需要，必要时以行动向朋友表达关心和支持。

3. 建立友谊，需要尊重，朋友之间的坦诚相待，但不意味着毫无保留。

4. 学会正确处理朋友间发生的冲突，寻找彼此能够接受的解决方式。

5. 在交友中受到的伤害，可以选择宽容，也可以选择结束这段友谊。

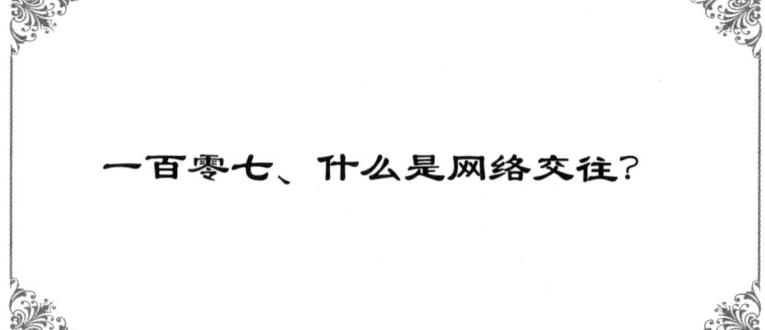

一百零七、什么是网络交往？

网络交往是在网络上以文字符号为主要交流介质，以交流思想和抒发感情为内容的人际间的符号性的精神互动。中职学生是网络交往中庞大的群体。

一百零八、怎样慎重结交网友？

1. 网上交友，学会理性辨别，慎重选择，考虑到对自己学习和生活的影响。

2. 虚拟世界的交往，会有很多不确定的因素，中职学生一定要有自我防范意识。

3. 不要轻易将网上的朋友转化为现实中的朋友。

4. 虚拟世界的交往并不能触摸到现实的真实，不能取代现实生活中与同伴的交往。

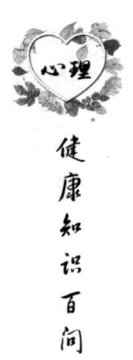

一百零九、什么是不良诱惑？中职学生应警惕的主要有哪些？

不良诱惑就是影响我们身心健康和阻碍我们成长进步的诱惑。

应警惕的不良诱惑主要有以下几方面。

1. 享受方面：我们可能面临着对吃、穿、住、行、用的过分追求。

2. 学习方面：我们可能面临着贪图玩耍娱乐的诱惑。

3. 交往方面：我们常常不能正确的处理与他人交往的过程中可能面临的各种问题。比如，在与他人交往的过程中，强烈的好奇心和盲目的从众心理常常会促使我们跟着"群体"参加毫无意义，甚至对身心健康有害的各种活动，如吸烟、吸毒、赌博、浏览不健康的书刊和网页或者玩电子游戏等。

一百一十、不良诱惑对中职学生有什么危害性？

不良诱惑会影响中职学生的身心健康，阻碍他们的成长进步，干扰他们的事业成功，影响他们的幸福生活，容易使他们偏离正常的人生轨道。因此，中职学生必须学会分辨并自觉抵制社会生活中的种种不良诱惑，才会有健康幸福的生活、学习和工作。

一百一十一、拒绝和战胜不良诱惑的方法有哪些？

1. 后果联想抵制诱惑：为了坚定自己拒绝和抵制不良诱惑的决心，可以联想自己拒绝不良诱惑后的美好前景和未来，还可以联想不能拒绝不良诱惑的不良后果。如联想自己拒绝电子游戏后，通过自己的努力学习，毕业后从事自己感兴趣的工作，幸福、愉快的生活；还可以联想不能拒绝电子游戏的不良后果，因为不能抗拒这些不良诱惑，以致自己不努力学习，成绩下降，辜负了老师和家长的期望，影响了自己的发展，甚至断送了自己美好的前途。

2. 请求他人帮助：单靠自己的力量有时很难战胜对自己具有强烈吸引力的诱惑，在这种情况下，可以请求别人（如父母、老师、同学和朋友）帮助和监督自己战胜对自己具有强烈吸引力的诱惑（上课时想玩游戏等），从而坚定自己拒绝和抵制不良诱惑的决心，增强自己拒绝和抵制不良诱惑的毅力。

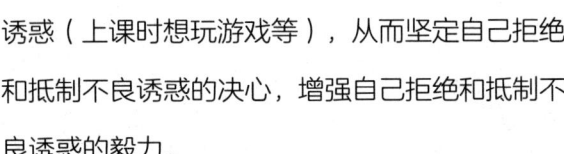

3.避开诱因、转移视线：最好把引起诱惑的实物（如手机）隐藏起来，眼不见心不动，或者参加积极健康的班集体活动，或者多与同学交流谈心，避开诱因，转移视线。

4.婉言谢绝朋友，提高自制能力：当不良诱惑来自朋友方面（如身边的同学上课时要拉自己一起玩游戏），可以依靠自己的自制力、智慧和一定的技巧来回绝朋友的邀请，避免他们的不理解和嘲弄。

5.专时专用，改正不良习惯：为了防止做某种自己着迷的事情而超时，严格分配自己的时间，以不同的方式提醒自己，这是什么时间该做什么事情，比如，这是学习时间，应该认真学习；这是休息时间，应该好好地休息。是什么时间，就做什么事情，改掉因为对某件事情着迷而误时的坏习惯。

一百一十二、为什么会控制不住自己的情绪?

中职学生知识经验水平和社会认识水平都有限,对自己情绪和行为的理智控制水平还不高。中职学生容易受到内在情绪和外在环境的干扰,比如有些学生在产生某种强烈的欲望时,当自己的自尊心受到伤害时,在同学伙伴的哄闹或挑唆下,很难控制自己的理智与行为。

金钥匙

延迟满足

20世纪70年代，美国斯坦福大学的心理学教授在附属幼儿园进行了著名的"延迟满足"实验。实验人员给每个4岁的孩子好吃的软糖，并告诉孩子可以吃糖。但是如果马上吃掉的话，那么只能吃一颗软糖；如果等20分钟后再吃的话，就能吃到两颗。然后，实验人员离开，留下孩子和极具诱惑的软糖。实验人员对实验室中的幼儿进行观察，结果发现：有些孩子只等了一会儿就不耐烦了，迫不及待地吃掉了软糖。他们被称为"不愿等待者"；有些孩子却很有耐心，顺利等待了20分钟后再吃软糖，这部分儿童被称为"延迟满足者"。

后来，参加实验的孩子们到了青少年时期，研究人员对他们的家长及教师进行回访调查，发现："不愿等待者"在个性方面，更多地显示出孤僻、固执、易受挫、优柔寡断的倾向；"延迟满足者"较多地成为适应性强、具有冒险精神、受人欢迎、自信、独立的少年。两者学业能力的测试结果也显示，"延迟满足者"比"不愿等待者"在数学和语文成绩上平均高出20分。

实验说明，那些能够延迟满足的孩子自我控制能力更强，他们能够在没有外界监督的情况下适当地控制、调节自己的行为，抑制冲动，抵制诱惑，坚持不懈地保证目标的实现。控制自己的欲望，延迟满足是一个人走向成功的重要心理素质之一。自控和自律能力的个体能够为了更有价值的长远结果而主动放弃即时满足，他们的心理能力更强，更容易得到社会的奖赏，更容易成功。

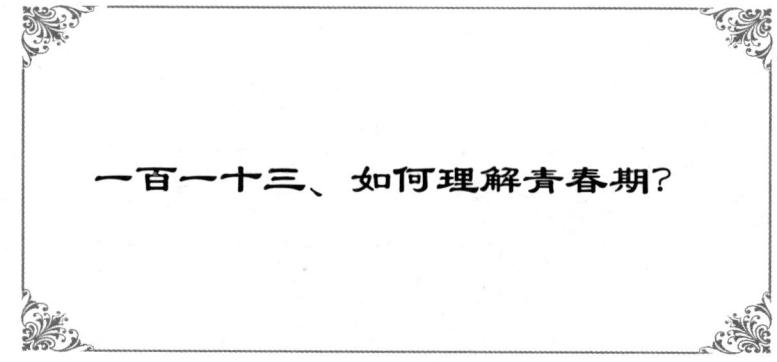

一百一十三、如何理解青春期？

青春期是指个体的性机能从未成熟到成熟的阶段，在生物学上是指人体由不成熟发育到成熟的转化时期，也就是由儿童到成年的过渡时期。在这个时期，个体性发育成熟。在人体生长发育的阶段中，青春期占一半或更多些时间。青春期一般指13~18岁这个阶段，在心理学上，它又称为青年初期，相当于教育中的中学阶段，以身体的急速成长为特征。由于男性的性成熟比女性晚一年左右，所以可以把男性的青春期年龄范围确定为14~18岁。偏早或晚1~2年，都属正常观象。人们常把这个年龄阶段的男性称为少男，而同样年龄阶段的女性称为少女。在青春期不仅身体上有了明显的变化，而且在心理上也会发生很大的变化。

一百一十四、青春期的生理变化有哪些？

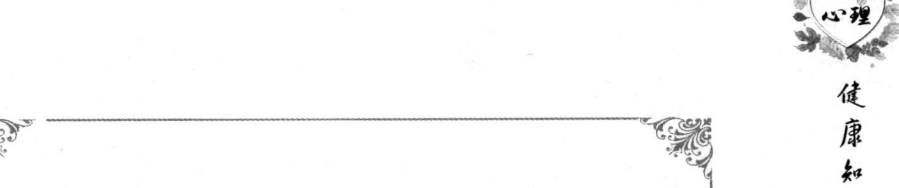

青春期一般指人的发育过程中，介于儿童期和成年期之间的过渡期。它是继婴儿期后，人生第二个生长发育的高峰期。

青春期有三大生理变化：

1. 身体迅速长高、长壮。

2. 运动系统、心血管系统、消化系统、内分泌系统和神经系统不断成熟。

3. 生殖器官发育和成熟。男孩睾丸发育成熟，出现第一次遗精；女孩卵巢发育成熟，月经来潮。这是青春期生殖器官发育成熟的标志。同时，男孩和女孩发育的外部特征也开始出现：男孩儿长出喉结、胡须，声音变粗；女孩乳房突起，声调变高。

一百一十五、青春期的心理特点是什么？

青春期是生长发育的高峰期，也是心理发展的重大转折期，因为身体迅速发育而强烈要求独立，又因为心理发展相对缓慢而保持儿童的依赖性。青春期就是在这种相互矛盾的心理状态中挣扎，难免会出现很多的心理问题，而常见的就是逆反心理（青春期心理断乳）。他们需要很长的一段时间，通过反复地尝试、碰撞、回视，慢慢地走向成熟。

总之，青春期的心理可以形容为疾风骤雨期，他们充满热情和抱负，但又过于理想主义，对现实缺乏了解。由于抱负和理想，使他们好高骛远，想入非非，但是，现实又很容易让他们心灰意冷，甚至忧心忡忡。

一百一十六、中职学生在青春期的情感是怎么发展的？

在青春期，中职学生的情感由原来仅对亲人的挚爱，拓展到对同学、老师、明星、科学家和领袖人物的崇敬和追随，由自爱到爱集体、爱家乡、爱人民、爱祖国、爱全人类。也就是说，中职学生的情感充分地体现了社会性；道德观也发生了变化，对成功人士、名人崇拜得五体投地，对坏人坏事疾恶如仇，中职学生追求公平公正，一旦发现周围的人有私心杂念，就会嗤之以鼻，而且在现实生活中无法妥协和容纳不同意见的人与事，所以很容易受到伤害。

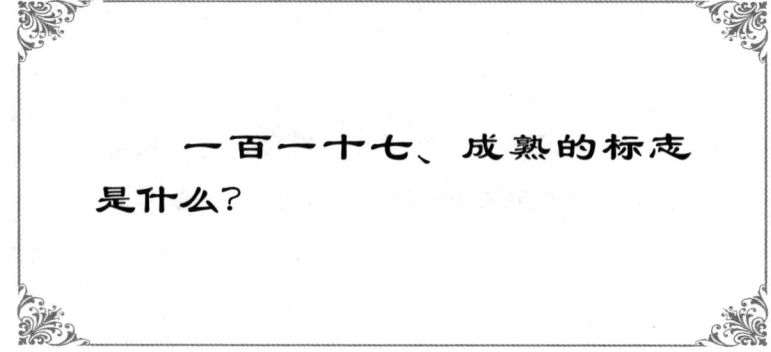

一百一十七、成熟的标志是什么？

1. 不把异性当作全部，它是人生迈向成熟的第一步。这对于人们，尤其对于青少年来说，是困难的，所以它才成为一种成熟的象征。

2. 学会宽容。宽容不仅象征成熟，宽容更是一种境界。宽容别人也是宽容自己，这体现了对人生缺陷的包容和理解。因此，宽容不仅是一种成熟，也是一种智慧。

3. 学会适度地否定自己。否定自己是深刻的思想活动，是出于对真理和对自我的认知，而不是妄自菲薄和自轻自贱。一切都处在不断地变化之中，事物在变化，时局在变化，这就要不断改进自己原来的认识，否定自己曾经错误坚持的东西。

4. 正视简单。从思考能力的角度讲，成熟的标志就是对"简单"有了新的认识和理解，不再轻视简单，在一个有思想和有探求精神的人那里，没有什么是简单的。

5. 学会换位思考。换位思考，是设身处地为他人着想，即想人所想，理解至上的一种处理人际关系的思考方式。互相宽容、理解，多站在别人的角度上思考。

点金石

妻子正在厨房炒菜。丈夫在她旁边一直唠叨不停："慢些。小心！火太大了。赶快把鱼翻过来，快铲起来，油放太多了！把豆腐整平一下。哎呀，锅子歪了！""请你住口！"妻子脱口而出，"我懂得怎样炒菜。""你当然懂，太太，"丈夫平静地答道，"我只是要让你知道，我开车时，你在旁边喋喋不休，我的感觉如何。"

这个故事给我们的启示是：人与人之间要学会换位思考，才能互相理解，这是人与人之间交往的基础。

一百一十八、什么叫异性效应?如何利用异性效应?

进入青春期的少年,性生理上的变化引起了心理上的一系列微妙而复杂的反应,异性间的交往及由相互吸引而产生的愉悦的情绪体验是一种良好的、积极的情绪体验,它不仅对我们的身体健康有很大的影响,而且可以激发人的潜能,使人敏捷活泼、奋发向上。这就是所谓的异性效应。

1. 利用异性效应能取长补短,丰富我们的个性。

2. 利用异性效应可以提高学习效率。

3. 利用异性效应可以提高自我评价能力。

4. 利用异性效应可以激励我们奋发向上。异性之间的相互吸引,相互激励,可以成为我们不断成长的动力和促进剂。

当然,异性之间的交往既要无拘无束,坦诚相待,相互激励,共同进步;也要注意男女有别,把握好异性之间交往的"度",这样才能使异性交往健康地进行。

一百一十九、中职学生应该怎样看待早恋现象？

少男少女到了青春期，由于性发育成熟，分别在雄性激素和雌性激素的作用下，对异性产生爱慕之情，这完全是青春发育过程中伴随着生理发育所产生的一种心理变化，属正常现象。中职学生的早恋只是一种朦胧的对异性的眷恋和向往，在他们中间还没有产生深沉执着的情爱，所以应该学习相关的生理知识和性知识，了解自己的情愫发展特点，对自己的行为加以约束，遵守道德规范，理性度过这一时期。

一百二十、早恋对中职学生来说有哪些危害？

早恋是一朵带刺的玫瑰，我们常常被它的芬芳所吸引，然而，一旦情不自禁地触摸，就会被无情地刺伤。

1. 影响学习和生活。

2. 早恋更容易使人受到伤害。青少年态度还不稳定，在恋爱中容易产生矛盾，心理上不成熟、脆弱且耐受力差，容易在感情的波折中受到伤害。有的青少年因早恋受挫而怀疑人生，怀疑是否有真正的爱情，给自己的感情生活投下阴影，影响成年后的婚姻生活。

3. 早恋者容易出现性过失。青少年性意识萌发，对异性欲望强烈，容易激动，感情难以自控，行为容易冲动，容易凭一时兴致而不计行为后果，从而出现一些越轨行为，如未婚性行为、未婚先孕。这些行为一旦出现，会让当事者羞于见人，担惊受怕，即使当时不觉得怎样，但日后给他们造成的挫折感、自卑感是无法用语言来形容的，对成年后感情生活的影响，往往也是难以弥补的。

4. 早恋极难成功。由于早恋的盲目性和不成熟性使早恋者极少走向婚姻的殿堂。早恋也常使学生的思想和情绪处于波动状态，给学生正常的学习和生活带来许多不良影响。另外，早恋中的学生，有相当一部分同学对集体活动冷淡，与同学关系也逐渐疏远。

一百二十一、面对早恋该怎么做？

1. 斩断恋情。正像建立恋爱需要两相情愿一样，结束早恋也应是双方同意，这样才能不留后患。但不管用什么方式，都要防止引起对方的误会，以尽快使对方心悦诚服为目的。

2. 中断往来。从结束早恋的角度来说，男女同学间的友谊、好感都是正常的感情，只要把恋爱退回到好感或友谊，早恋也就结束了。

3. 转移情感。把时间和精力转移到紧张的学习和健康的课余爱好上去。

4. 不要人为地夸大这种爱。中学时期对异性产生好奇、感兴趣的心理是正常的。把注意力集中到学习上去，多参加集体活动，充实自己的生活内容，转移情感的注意力。

5. 用坚强的意志克制自己情感的流露。对自己爱慕的同学，也像对其他同学一样，落落大方，一视同仁。时间一长，这种感情就会逐渐消失淡化。

一百二十二、应如何理解"行己有耻"和"止于至善"?

孔子说:"行己有耻",意思是说,一个人行事,凡自己认为可耻的就不要去做。要知廉耻,懂荣辱;有所为,有所不为。

《大学》中的"止于至善"是人的一种精神境界,我们应该有自己的格调,有我们的"至善"追求。

中职学生应树立底线意识,触碰道德底线的事情不做,违法的事情坚决不做。每个人都从点滴小事做起,"勿以恶小而为之,勿以善小而不为"。积少成多,积善成德。

轻轻告诉你

沟通来自两个平等的个体,双方相互尊重、相互独立,不可替代,这是良好沟通的基本条件。沟通的目的不是为了打击对方,而是为了在互动中更加深刻了解自己、了解对方,从而更愉快、有效地美化自己、美化对方、美化世界。

一百二十三、中职学生如何选择适合自己的职业？

职业或岗位的选择，是否与自身的特点相吻合，直接关系到人生事业的发展和成败。选择适合自己的职业通常应注意以下几点：

1. 性格与职业的匹配。

2. 兴趣与职业的匹配。

3. 特长与职业的匹配。

4. 职业的性别种类。

一百二十四、中职毕业生走向职业岗位时如何树立新的意识观念？

为了适应职业需求，中职毕业生必须树立一系列新的意识，形成职业观念：

1. 独立意识观念。

2. 团队意识观念。

3. 主人翁意识观念。

4. 坚持学习，不断完善自我。

一百二十五、什么是职业心理素质?

职业心理素质是指劳动者对社会职业的了解并适应的一种综合体现,主要表现在职业兴趣、职业能力、职业个性等方面。职业心理素质的高低反映了劳动者对特定职业的适应程度。个体的职业活动是在其所具有的职业心理素质基础上进行的。

一百二十六、什么是职业角色？

所谓职业角色是指社会和职业规范对从事相应职业活动的人所形成的一种期望行为模式。有多少种职业就有多少种职业角色，每个社会成员都扮演一定的职业角色。

金钥匙

成功者具有四种品质：自尊、自律、负责和善于与人交往、与人合作。

自尊、自信者，面对人生的种种问题，能够相信自己，保持心态的开放，迎难而上。

自律、自控者，面对生活的种种诱惑，能够控制自己的欲望，不因诱惑而欲望膨胀，坚定地走自己的路。

负责者，能够克服困难，脚踏实地，辛勤劳动，完成属于自己的任务和使命。

善于与人交往、与人合作者，能够了解他人的欲望与想法，合理满足他人的欲望和想法，不断地扩大自己的影响范围，从而解决更多更大的问题。

> 一百二十七、中职学生由学生角色向职业角色转变是人生道路上的一大转折,如何来调整职业角色冲突呢?

1. 安心本职工作,迅速进入角色。

2. 虚心学习,从零开始。

3. 善于观察,勤于思考。

4. 勇挑重担,乐于奉献。

一百二十八、常见的角色失调有哪几种？

常见的角色失调有角色冲突、角色不清和角色失败三种。

1. 角色冲突是指在社会角色的扮演中，在角色之间或角色内部发生了矛盾、对立和抵触，妨碍了角色的顺利扮演。

2. 角色不清是指社会大众或角色的扮演者对于某一角色的行为标准不清楚，不知道这一角色应该做什么、不应该做什么和怎样去做。

3. 角色失败是角色扮演过程中发生的一种极为严重的失调现象。它是指由于多种因素使角色扮演者无法进行成功的表演，最后，不得不半途中止表演，或者虽然还没有退出角色，但已经困难重重，每前进一步都将遇到更多的矛盾。

一百二十九、职业压力的来源是什么？

引起职业压力的原因有很多，有内在的，也有外在的，既有主观因素也有客观因素，但综合来看，职业压力的来源主要有以下几方面：

1. 工作本身的压力。

2. 竞争压力。

3. 人际关系的压力。

4. 自我期望过高的压力。

5. 工作与家庭冲突的压力。

一百三十、调适职业压力的方法是什么?

在人生的旅途上遭遇压力、挫折,甚至失败都是不可避免的。我们不妨采用积极的态度来面对职业压力,具体调适职业压力的方法如下:

1. 找到产生职业压力的原因。
2. 建立良好的社会支持系统。
3. 学会时间管理。
4. 合理适度的自我期望。
5. 掌握身心放松的训练方法(又称松弛疗法)。

轻轻告诉你

聪明 = 勤奋 "聪明就是为自己感兴趣的事情去操劳"

努力 = 幸福 "努力是获得自信和幸福的唯一源泉"

一百三十一、什么叫职业倦怠？

职业倦怠也叫工作倦怠，是指个体不能顺利应对工作压力时的一种极端反应，是个体伴随于长时期压力的体验下而产生的情感、态度和行为的衰竭状态。

一百三十二、职业倦怠有哪些表现？

职业倦怠的表现：

1. 情绪衰竭，是指一种过度的付出感以及情感资源的耗竭感。

2. 去个性化，是描述了个体以一种负性的、冷漠的或是极端逃避的态度去面对服务对象或工作，刻意和工作对象间保持距离，对工作对象和环境表现出易怒、缺乏情感投入的态度。

3. 低成就感，是指自我能力感降低，并倾向于对自己做出消极的评价。

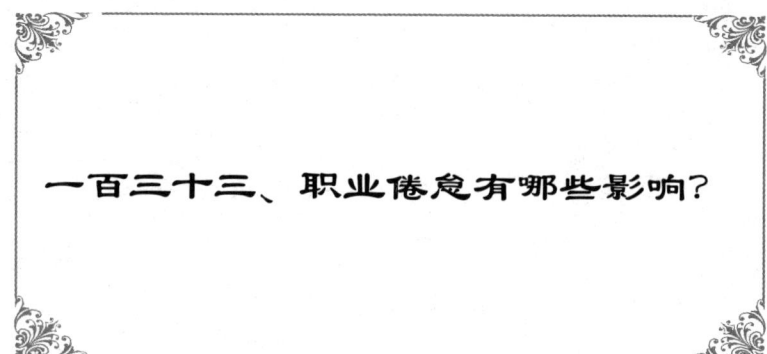

一百三十三、职业倦怠有哪些影响？

职业倦怠对个体、家庭、组织等都会造成负面的影响：

1. 影响身心健康。

2. 影响人际关系。

3. 影响个人发展。

4. 影响组织发展。

一百三十四、应对职业倦怠的方法是什么?

1. 认识自我。

2. 运用心理暗示策略。

3. 合理安排时间。

4. 合理规划职业生涯。

5. 保持良好的人际关系。

6. 享受美食,适当运动。

一百三十五、应对求职就业中心理冲突的方法有哪些？

1. 降低对自己工作的期望值。
2. 尽快融入集体并保持低调。
3. 多做实事和小事。
4. 不断扩大自己的工作领域。

一百三十六、职场人际交往中应注意哪些问题？

1. 真诚、自然。

2. 礼貌、微笑。

3. 多讨论、少争论。

4. 关心同事、谅解对方。

5. 主动认错、接受帮助。

6. 尊重个性、保持特色。

7. 信守诺言、彼此认同。

一百三十七、成功创业需要具备哪些心理素质?

1. 独立性与合作性。

2. 敢作为与克服困难。

3. 坚韧性与适应性。

一百三十八、如何做好求职心理准备，消除心理危机？

就业本身就是中职学生认识和适应社会的一个过程，在求职过程中遇到困难，甚至经过好几次挫折，最后才成功是正常的；遇到就业问题时，要学会调节自己的心态：

1. 接受客观现实，调整就业期望值。

2. 充分认识职业价值，树立合理的职业价值观。

3. 认识与接受职业自我，主动捕捉机遇。

4. 坦然面对就业挫折，提高心理承受力。

5. 调整就业心态，促进人格完善。

6. 开拓进取，勇于创业。

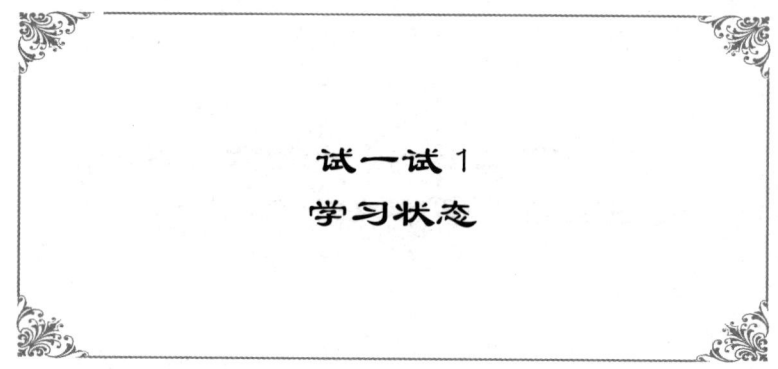

试一试 1
学习状态

当学习进入困境的时候,你会以怎样的心态去面对呢?是产生厌学的情绪还是继续保持自己的学习热忱?下面这 10 道题,请根据自身的情况进行回答。

1. 学习遇到困难时,你是否问老师?

　A．经常问　　B．有时问　　C．从来不问

2. 你关心自己的考试成绩吗?

　A．非常关心　B．有时关心　C．从不关心

3. 学习中你是否对困难的问题采取回避态度?

　A．从不回避　B．有时回避　C．经常回避

4. 你经常提前完成老师布置的作业吗?

　A．经常这样　B．有时这样　C．从不这样

5. 解题时,你是否经常试图找出较为新颖的解法?

　A．经常这样　B．有时这样　C．从不这样

6. 没有师长的督促，你能主动学习吗？

A．主动学习　　B．有时主动学习　　C．不主动

7. 学习时，你会因为思想开小差而浪费时间吗？

A．不这样　　B．有时这样　　C．经常这样

8. 成绩不好的科目，你是否更努力去学？

A．更努力去学　　B．有时会更努力去学　　C．偶尔

9. 你是否认为不努力学习是不行的？

A．总是这样认为　　B．时常这样认为　　C．偶尔认为

10. 你常因为一些不重要的事情而请假不去上课吗？

A．从不这样　　B．有时这样　　C．经常这样

答案分析

选择A得3分，选择B得2分，选择C得1分。

1. 20~30分，你对学习充满了热情。

2. 10~20分，你的学习热情一般。

3. 0~10分，你缺少一定的学习热情。

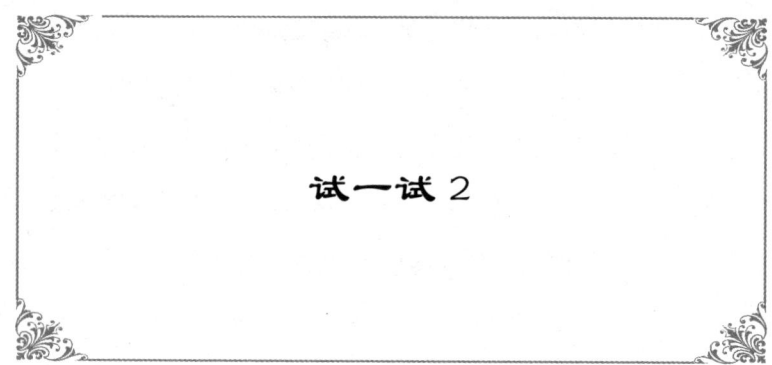

试一试 2

每个人步入青春期这段"崎岖、狭窄而又坎坷"的人生峡谷时,都会遇到大量的关于适应方面的问题。主要是指对人际关系、对社会环境的适应。怎样才算适应良好呢?一些心理学者提出了 40 条标准,中职学生可以根据这 40 条标准进行自我鉴定。

每一题,先对照自己平时的实际表现想一想,能做到或基本能做到的记 1 分,否则记 0 分。

1. 对家庭、班级和学校的生活感到很习惯。(　)

2. 能以一定的灵活性适应周围的人际关系。(　)

3. 对事情总是有明确目的,在一般情况下能说到做到。(　)

4. 当自己的行为遭到反对时,能及时地自我调整,不一意孤行。(　)

5. 经常留心周围人际环境的变化。(　)

6. 有助人为乐的精神,肯关心帮助别人。(　)

7. 对周围的人持信任态度。(　)

8. 待人热情、友善,而不是冷漠无情。(　)

9. 能站在别人的角度体会他们的内心感情。(　)

10. 讲良心，做了错事会感到内疚。（ ）

11. 能基本客观正确地评价自己的各种品质。（ ）

12. 有适度的自尊心。（ ）

13. 以积极态度对待自己的形象。（ ）

14. 有明显的自卑感。（ ）

15. 有一定自我控制能力。（ ）

16. 在多数情况下能独立决定自己的行为。（ ）

17. 懂得学习的重要性，学习态度端正。（ ）

18. 对家庭和学校生活感兴趣，认为自己是幸福的。（ ）

19. 学习不感到非常困难，经过努力可以到中等或中等以上水平。（ ）

20. 在集体生活中有一定的责任感，愿为集体出力。（ ）

21. 对学习和课外活动有主动精神。（ ）

22. 不做多数人反对的事。（ ）

23. 在集体中占有一定的位置，不是被遗忘的人。（ ）

24. 按时作息，睡眠良好。（ ）

25. 没有经常头痛的现象。（ ）

26. 从来没有记忆力突然减退，学习成绩大幅度下降的现象。（ ）

27. 能和异性同学正常交往。（ ）

28. 对自己的性发育情况有正确的了解和评价。（ ）

29. 对"性"的问题好奇，但不过分关注。（ ）

30. 没不良的性行为习惯。（ ）

31. 没有明显地陷入早恋而不能自拔。（ ）

32. 在一般情况下，情绪正常、乐观。（ ）

33. 对困难和挫折有一定的承受力。（ ）

34. 能控制自己的愤怒、焦虑和忧虑等不良情绪。（　　）

35. 有一定的胆量和勇敢精神。（　　）

36. 在多数情况下表现诚实。（　　）

37. 对不公正的事情表示气愤。（　　）

38. 愿意承担自己应承担的义务。（　　）

39. 对父母有爱和依恋之心。（　　）

40. 对自己的前途充满希望和信心。（　　）

答案分析

36分以上：心理适应能力非常好。能很快地适应新的学习、生活环境，与人交往轻松、大方。给人的印象极好，无论进入什么样的环境，都能应付自如，左右逢源。

29~35分：心理适应能力良好。能够适应新环境，人际关系和谐，能够应对生活中的一般性问题。

24~38分：心理适应能力一般。进入一个新环境后，经过一段时间的努力，基本上能适应。

16-23分：心理适应能力不良。依赖于较好的学习、生活环境，一旦遇到困难则易怨天尤人，甚至消沉。

15分以下：心理适应能力严重不良。在各种新环境中，即使经过相当长一段时间的努力，也不一定能够适应，常常困惑、因与周围事物格不入而十分苦恼。在与他人交往中，总是显得拘谨、羞怯、手足无措。

在这个测试中如果得高分，说明你的心理适应能力较强。但是，如果你得分低，也不必忧心忡忡。因为一个人的心理适应能力是随着年龄的增长、知识经验的丰富而不断提高的。只要你充满信心，刻苦学习，虚心求教，加强锻炼，你的心理适应能力一定会增强的。

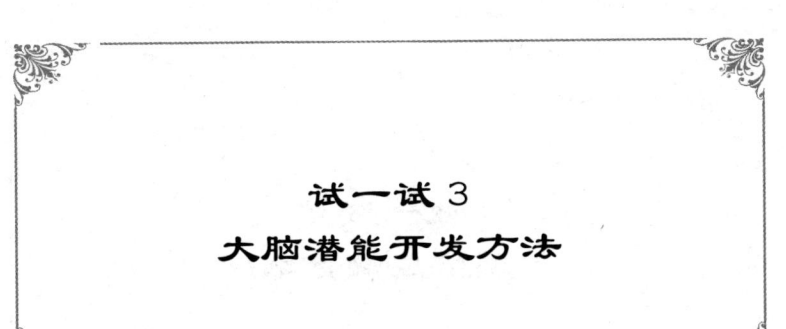

试一试 3
大脑潜能开发方法

　　大脑潜能开发的方法是利用我们生活中所形成的大大小小的习惯进行的。下面提供的小方法，大家可以试一试：

　　1. 双手并用。尝试用你非优势的手刷牙，梳头，用鼠标；扭水龙头，晾衣服，扫地；双手写字；等等。

　　2. 尝试关闭一个或者更多感觉通道，比如，蒙着眼睛吃饭，塞上耳朵穿衣，闭着眼睛淋浴。

　　3. 练习脑筋急转弯，尝试解决难题。

　　4. 尝试比较测试。品尝不同口味的巧克力、糖，甚至其他所有可以吃的东西。

　　5. 学习思维导图。思维导图是很好的开发大脑潜能的方法。

　　6. 在看似毫不相干的主题之间寻找相同之处。

　　7. 要学会接受歧义现象。

　　8. 学习用不同布局的键盘。

　　9. 发现常见物品的新奇用处。比如：领带有几种用法？回形针的用途？能说出多少说多少，尽可能多说。

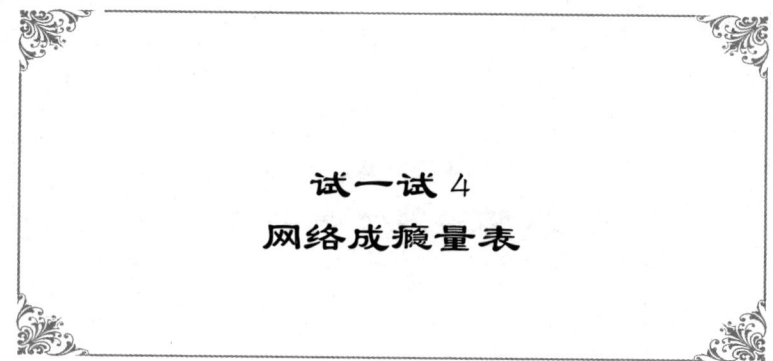

试一试 4
网络成瘾量表

请根据你的实际情况如实填写。选 A 得 1 分，选 B 得 2 分，选 C 得 3 分，选 D 得 4 分，选 E 得 5 分。

1. 你觉得上网的时间比你预期的要长吗？（ ）

   A. 几乎没有　　B. 偶尔　　C. 有时　　D. 经常　　E. 总是

2. 你会因为上网忽略自己要做的事情吗？（ ）

   A. 几乎没有　　B. 偶尔　　C. 有时　　D. 经常　　E. 总是

3. 你更愿意上网而不和亲密的朋友待在一起吗？

   A. 几乎没有　　B. 偶尔　　C. 有时　　D. 经常　　E. 总是

4. 你经常在网上结交新朋友吗？（ ）

   A. 几乎没有　　B. 偶尔　　C. 有时　　D. 经常　　E. 总是

5. 生活中朋友、家人会抱怨你上网时间太长吗？（ ）

   A. 几乎没有　　B. 偶尔　　C. 有时　　D. 经常　　E. 总是

6. 你因为上网影响到你的学习了吗？（ ）

   A. 几乎没有　　B. 偶尔　　C. 有时　　D. 经常　　E. 总是

7. 你是否会不顾身边需要解决的一些问题而上网查 E-mail 或看留言？（ ）

  A. 几乎没有 B. 偶尔 C. 有时 D. 经常 E. 总是

8. 你因为上网影响到你的日常生活了吗？（ ）

  A. 几乎没有 B. 偶尔 C. 有时 D. 经常 E. 总是

9. 你是否担心网上的隐私被人知道？（ ）

  A. 几乎没有 B. 偶尔 C. 有时 D. 经常 E. 总是

10. 你会因为心情不好而上网吗？（ ）

  A. 几乎没有 B. 偶尔 C. 有时 D. 经常 E. 总是

11. 你在一次上网后会渴望下一次吗？（ ）

  A. 几乎没有 B. 偶尔 C. 有时 D. 经常 E. 总是

12. 如果没有上网你会感觉空虚无聊吗？（ ）

  A. 几乎没有 B. 偶尔 C. 有时 D. 经常 E. 总是

13. 你会为别人打扰你上网而发脾气吗？（ ）

  A. 几乎没有 B. 偶尔 C. 有时 D. 经常 E. 总是

14. 你会上网到深夜吗？（ ）

  A. 几乎没有 B. 偶尔 C. 有时 D. 经常 E. 总是

15. 你在离开网络后会想网上的事吗？（ ）

  A. 几乎没有 B. 偶尔 C. 有时 D. 经常 E. 总是

16. 你在上网时会对自己说："就再玩一会儿"吗？（ ）

  A. 几乎没有 B. 偶尔 C. 有时 D. 经常 E. 总是

17. 你会想方法减少上网时间而最终失败吗？（ ）

  A. 几乎没有 B. 偶尔 C. 有时 D. 经常 E. 总是

18. 你会对人隐瞒你上网多长时间吗？（ ）

  A. 几乎没有 B. 偶尔 C. 有时 D. 经常 E. 总是

19. 你会宁愿上网也不愿意和朋友们出去玩吗？（ ）

   A. 几乎没有   B. 偶尔   C. 有时   D. 经常   E. 总是

20. 你会因为不能上网而变得烦躁不安、喜怒无常，而一上网就不会这样吗？（ ）

   A. 几乎没有   B. 偶尔   C. 有时   D. 经常   E. 总是

答案分析

选择 A 得 1 分，选择 B 得 2 分，选择 C 得 3 分，选择 D 得 4 分，选择 E 得 5 分。

40~59 分：轻度。为正常的上网行为，虽然有时候你会多花时间在网上消遣，但仍有自我控制能力。

60~79 分：中度。表明你正面临着来自网络的问题，虽然并未达到积重难返的地步，但你还是应该正视网络给你人生的全面地冲击。

80~100 分：重度。表明你的网络生活已经到了引起严重生活问题的程度，你恐怕需要很坚强的意志力，甚至需要求助于心理医生才能恢复正常。

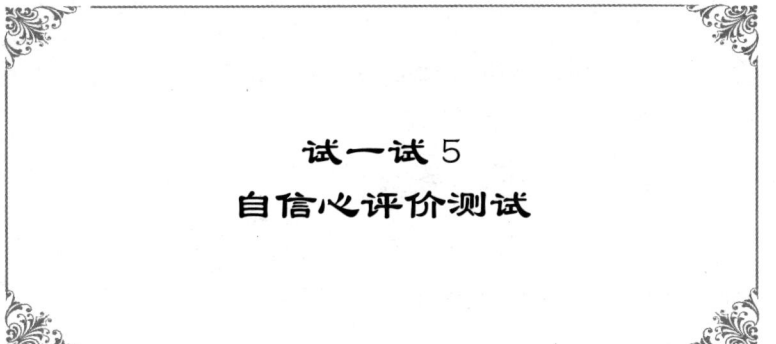

试一试 5
自信心评价测试

1. 你有安全感吗？你谦虚吗？

　　是（　）否（　）

2. 你下了决心时，即使没有人赞同，你仍然会坚持做到吗？

　　是（　）否（　）

3. 参加晚宴时，即使上洗手间，你也会忍着直到宴会结束吗？

　　是（　）否（　）

4. 如果店员的态度不好，你会告诉他们经理吗？

　　是（　）否（　）

5. 你不常欣赏自己的照片吗？

　　是（　）否（　）

6. 别人批评你，你会觉得难过吗？

　　是（　）否（　）

7. 你很少对人说出你真正的意见吗?

　　是( ) 否( )

8. 对别人的赞美,你持怀疑的态度吗?

　　是( ) 否( )

9. 你总是觉得自己比别人差吗?

　　是( ) 否( )

10. 你对自己的外表满意吗?

　　是( ) 否( )

11. 你认为自己的能力比强吗?

　　是( ) 否( )

12. 在聚会上,只有你一个人穿得不正式,你会感到不自然吗?

　　是( ) 否( )

13. 你是个受欢迎的人吗?

　　是( ) 否( )

14. 你认为自己很有魅力吗?

　　是( ) 否( )

15. 你有幽默感吗?

　　是( ) 否( )

16. 你懂得搭配衣服吗?

　　是( ) 否( )

17. 危机时,你很冷静吗?

　　是( ) 否( )

18. 你与别人合作无间吗?

　　是( ) 否( )

19. 你认为自己只是个寻常人吗?

  是（ ）否（ ）

20. 你经常希望自己长得像某某人吗?

  是（ ）否（ ）

21. 你经常羡慕别人的成就吗?

  是（ ）否（ ）

22. 你会为了讨好别人而打扮吗?

  是（ ）否（ ）

23. 你勉强自己做许多不愿意做的事吗?

  是（ ）否（ ）

24. 你任由他人来支配你的生活吗?

  是（ ）否（ ）

25. 你认为你的优点比缺点多吗?

  是（ ）否（ ）

26. 你经常跟人说抱歉吗,即使在不是你的错的情况下?

  是（ ）否（ ）

27. 如果在非故意的情况下伤了别人的心,你会难过吗?

  是（ ）否（ ）

28. 你希望自己具备更多的才能和天赋吗?

  是（ ）否（ ）

29. 你经常听取别人的意见吗?

  是（ ）否（ ）

30. 在聚会上,你经常等别人先跟你打招呼吗?

  是（ ）否（ ）

31. 你每天照镜子超过三次吗?

　　是（ ）否（ ）

32. 你的个性很强吗?

　　是（ ）否（ ）

33. 你是个优秀的领导者吗?

　　是（ ）否（ ）

34. 你的记性很好吗?

　　是（ ）否（ ）

35. 买衣服前,你通常先听取别人的意见吗?

　　是（ ）否（ ）

按如下方法计算你的分数

1. 是：1 否：0　　2. 是：1 否：0　　3. 是：0 否：1

4. 是：1 否：0　　5. 是：0 否：1　　6. 是：0 否：1

7. 是：0 否：1　　8. 是：0 否：1　　9. 是：0 否：1

10. 是：1 否：0　　11. 是：1 否：0　　12. 是：0 否：1

13. 是：1 否：0　　14. 是：1 否：0　　15. 是：1 否：0

16. 是：1 否：0　　17. 是：1 否：0　　18. 是：1 否：0

19. 是：0 否：1　　20. 是：0 否：1　　21. 是：0 否：1

22. 是：0 否：1　　23. 是：0 否：1　　24. 是：0 否：1

25. 是：1 否：0　　26. 是：0 否：1　　27. 是：1 否：0

28. 是：0 否：1　　29. 是：0 否：1　　30. 是：0 否：1

31. 是：0 否：1　　32. 是：1 否：0　　33. 是：1 否：0

34. 是：1 否：0　　35. 是：0 否：1

答案分析

20~35分：说明你信心十足，明白自己的优点，同时也清楚自己的缺点。不过，在此提醒你一下；如果你的得分将近35分的话，别人可能会认为你很自大狂傲，甚至气焰太盛。你不妨在别人面前谦虚一点，这样人缘才会好。

7~19分：说明你颇有自信，但是你仍或多或少缺乏安全感，对自己产生怀疑。你不妨提醒自己，在优点和长处各方面自己并不输人，应特别强调自己的才能和成就。

6分以下：说明你不太有信心，你过于谦虚和自我压抑，因此经常受人支配。从现在起，尽量不要去想自己的弱点，多往好的一面去想。要知道，只有你看重你自己，别人才会真正看重你。

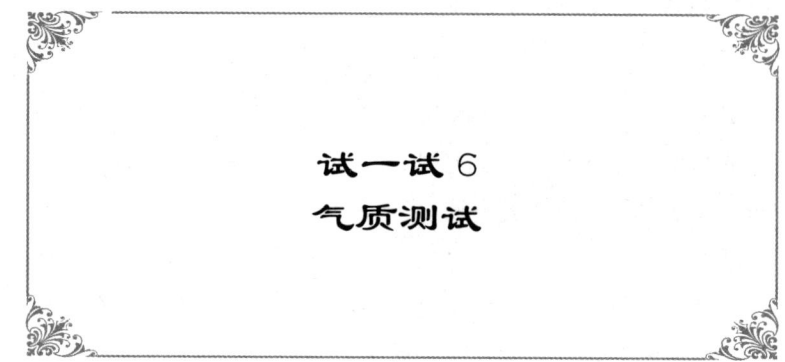

试一试 6
气质测试

下面60题大致可确定人的气质类型。在回答时,若自己的情况"很符合"记2分,"符合"记1分,"一般"记0分,"较不符合"记-1分,"很不符合"记-2分。

1. 做事力求稳妥,一般不做无把握的事。

2. 遇到可气的事就怒不可遏,把心里话全都说出来才痛快。

3. 宁可一个人干事,也不愿很多人在一起。

4. 厌恶那些强烈的刺激,如尖叫、噪声、危险镜头等。

5. 和人争吵时总是先发制人,喜欢挑衅别人。

6. 喜欢安静的环境。

7. 善于和人交往。

8. 到一个新环境很快就能适应。

9. 生活有规律,很少违反作息制度。

10. 羡慕那些善于克制情感的人。

11. 在多数情况下情绪是乐观的。

12. 碰到陌生人觉得很拘束。

13. 遇到令人气愤的事，能很好地自我克制。

14. 做事总是有旺盛的精力。

15. 遇到问题总是举棋不定、优柔寡断。

16. 在人群中从不觉得过分拘束。

17. 情绪高昂时，觉得干什么都有趣；情绪低落时，又觉得干什么都没有意思。

18. 当注意力集中于某一事物时，别的事很难使我分心。

19. 理解问题总比别人快。

20. 遇到危险情形，常有一种极度恐怖感。

21. 对学习、工作怀有很高的热情。

22. 能够长时间做枯燥、单调的工作。

23. 感兴趣的事情，要么干起来劲头十足，要么就不想干。

24. 一点小事就能引起情绪波动。

25. 讨厌做那些需要耐心、细致的工作。

26. 与人交往不卑不亢。

27. 喜欢参加热闹的活动。

28. 爱看感情细腻、描写人物内心活动的文艺作品。

29. 工作、学习时间长了，常感到厌倦。

30. 不喜欢长时间讨论一个问题，愿意实际动手干。

31. 宁愿侃侃而谈，不愿窃窃私语。

32. 别人总是说我闷闷不乐。

33. 理解问题常比别人慢。

34. 疲倦时只需要短暂的时间休息，就能够精神抖擞，重新投入工作。

35. 心里有话不愿意说出来。

36. 认准一个目标就希望尽快实现，不达目的誓不罢休。

37. 学习、工作同样一段时间后，常比别人更疲倦。

38. 做事有些鲁莽，常常不考虑后果。

39. 老师或他人讲授新知识、技术时，总希望讲得慢一些，多重复几遍。

40. 能够很快地忘记那些不愉快的事情。

41. 做作业或完成一件工作总比别人花的时间多。

42. 喜欢运动量大的、剧烈的体育活动，或者参加各种文艺活动。

43. 不能很快地把注意力从一件事转移到另一件事上。

44. 接受一个任务后，就希望把它迅速解决。

45. 认为墨守成规比冒风险强些。

46. 能够同时注意几件事物。

47. 当我烦闷的时候，别人很难使我高兴起来。

48. 爱看情节起伏跌宕、激动人心的小说。

49. 对工作持认真严谨、始终一贯的态度。

50. 希望做变化大、花样多的工作。

51. 和周围人的关系总是相处不好。

52. 喜欢复习学过的知识，重复做熟练的工作。

53. 小时候会背的诗歌，我似乎比别人记得更清楚。

54. 别人说我"出语伤人"，可我并不觉得是这样。

55. 在体育活动中，常因反应慢而落后。

56. 反应敏捷，头脑机智。

57. 喜欢有条理而不甚麻烦的工作。

58. 兴奋的事常使我失眠。

59. 老师讲新概念，常常听不懂，但是弄懂了以后很难忘记。

60. 假如工作枯燥无味，马上就会情绪低落。

评分方法

多血质包括：4、8、11、16、19、23、29、34、40、44、46、52、56、60题；

胆汁质包括：2、6、9、14、17、21、27、31、36、38、42、48、50、54、58题；

黏液质包括：1、7、10、13、18、22、26、30、33、39、43、45、49、55、57题；

抑郁质包括：3、5、12、15、20、24、28、32、35、37、41、47、51、53、59题。

答案分析

A. 如果某一项或两项的得分超过20分，则为典型的该气质。

B. 如果某一项或两项以上得分在20分以下，10分以上，其他各项得分较低，则为该项一般气质。

C. 若各项得分均在10分以下，但某项或几项得分较其余项分高(相差5分以上)，则略倾向于该项气质(或几项的混合)。